专业课程体系建构教育专家研讨会留影 1

专业课程体系建构教育专家研讨会留影 2

专业课程体系建构教育专家研讨会 1

专业课程体系建构教育专家研讨会 2

第一次职业能力分析行业专家研讨会现场

第一次职业能力分析行业专家研讨会留影

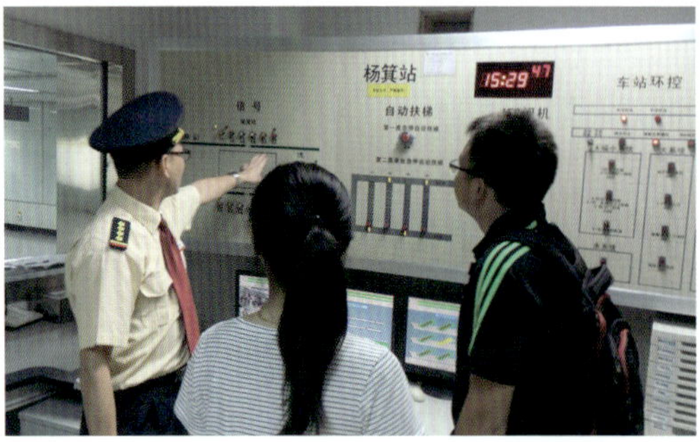

项目组在企业调研

第二次职业能力分析行业专家研讨会现场

第二次职业能力分析行业专家研讨会留影

对应中职专业召开“实践专家研讨会”

项目中期检查会议

专业建设调研报告论证会

现代职业教育标准体系建设系列丛书

中高本衔接专业教学标准和课程标准：

城市轨道交通运营管理专业（中职） 城市轨道交通运营管理专业（高职） 轨道交通运营管理专业（本科）

广东省教育厅
广东省教育研究院 编

广东高等教育出版社
Guangdong Higher Education Press
·广州·

图书在版编目（CIP）数据

中高本衔接专业教学标准和课程标准. 城市轨道交通运营管理专业. 中职 城市轨道交通运营管理专业. 高职　轨道交通运营管理专业. 本科/广东省教育厅，广东省教育研究院编. —广州：广东高等教育出版社，2018.9

（现代职业教育标准体系建设系列丛书）

ISBN 978－7－5361－6156－6

Ⅰ.①中…　Ⅱ.①广…　②广…　Ⅲ.①城市铁路－交通运输管理－职业教育－教材　Ⅳ.①G719.2

中国版本图书馆 CIP 数据核字（2018）第 090830 号

出版发行	广东高等教育出版社 地址：广州市天河区林和西横路 邮政编码：510500　电话：（020）87551597　87551077 http://www.gdgjs.com.cn
印　　刷	佛山市浩文彩色印刷有限公司
开　　本	787 毫米×1 092 毫米　1/16
印　　张	15.25
插　　页	1
字　　数	352 千
版　　次	2018 年 9 月第 1 版
印　　次	2018 年 9 月第 1 次印刷
定　　价	45.00 元

序

2016年12月，教育部部长陈宝生在现代职业教育发展推进会上提出，职业教育要“香”“亮”“忙”“强”“活”“特”起来，加快推进职业教育现代化。“亮不亮，看质量”，职业教育“亮”起来，更多体现在职业教育质量上，而标准是质量的基础、依据与保证，是确保和提升我国职业教育质量水平所必需的。科学建立现代职业教育系列标准是擦亮职业教育品牌的关键，也是广东实施教育发展“十三五”规划、创建现代职业教育综合改革试点省、加快建设现代职业教育体系的重点领域和关键环节，其中中高职衔接的专业教学标准和课程标准研制更是重中之重。这是由于现代职业教育改革发展的突破口之一在于研制中高职衔接专业教学标准和课程标准，实现相关专业中职、高职、应用型本科在技术技能型、应用型人才培养的目标、课程体系、教材体系、教学安排、评价等方面有机衔接。而标准研制是一项富有挑战性的工作，难度极大。值得欣慰的是，广东职业教育工作者通过长期的学习借鉴和创造实践，形成了“能力核心、系统培养”的理念，按照设计框架、构建标准、分级培养、衔接贯通的思路，找到了中职、高职、应用型本科衔接的可行路径与科学方法。专业教学标准和课程标准作为相关专业中职、高职、应用型本科衔接的教学基本文件，是明确各层次培养目标和规格、加强专业建设、构建课程体系、开发教材和学习资源、组织实施教学和规范教学管理的基本依据，是评估教育教学质量的主要标尺，成为社会用人单位选用职业院校毕业生的重要参考。基于这样的认识和判断，广东省教育厅一直高度重视这项工作。

2013年至2015年，广东省教育厅分别启动三批74个中高职衔接、高职本科衔接以及现代学徒制的专业教学标准和课程标准研制，第一批9个专业的中高职衔接专业教学标准和课程标准研制项目已于2015年完成，成果已出版，产生了很好的效果。第二批33个项目，在广东省教育研究院的组织指导下，在中职学校、高职院校、应用型本科院校和行业企业的共同努力下，经过2年的研制，也取得了喜人的工作成绩和丰硕的研制成果，其中30个项目成果于2017年3月通过了省级验收。现在展现在读者面前的是第二批30个项目组研制的系列中高职衔接、高职本科衔接专业教学标准和课程标准。我由衷地为研制标准而付出辛勤劳动、取得显著成绩的各有关方面特别是直接参与研制的全体工作人员点赞。我期望，各职业院校和各行各业能认真学习领会、积极贯彻实施标准成果，在参照执行过程中多提建设性意见和建议，共同完善标准，为推进建立健全广东现代职业教育标准体系做出应有贡献，为创建现代职业教育综合改革试点省添砖加瓦！

是为序。

广东省教育研究院
院长、党委书记

2017年3月29日

前 言

随着各地区城市轨道交通的快速发展，行业对城市轨道交通运营管理专业人才的需求非常迫切，与此同时，开设城市轨道交通运营管理专业的中职、高职和本科院校不断增加，各层次按照独立的培养方案进行培养，存在课程之间缺乏衔接、课程重复开设、内容定位不清等问题，不利于该专业中职、高职、应用型本科在技术技能型、应用型人才培养的目标、课程体系、教材体系、教学安排、评价等方面有机衔接。为此，广东省教育厅于2014年立项了轨道交通运营管理专业教学标准研制项目，在广东省教育研究院的统一指导和推进下，由广东交通职业技术学院牵头，联合五邑大学、广东省交通运输高级技工学校、广州地铁集团等单位专业人士组成项目组，共同开展了城市轨道交通运营管理专业的中高职衔接教学标准、高本衔接教学标准以及对应核心课程的课程标准的研制工作。

在项目研制过程中，开展了大量的学校和企业调研，形成了调研报告，详细分析了轨道交通运营管理专业毕业生的职业生涯发展路径，开展了职业能力分析，构建了职业能力模块库，形成了职业能力分析报告。在职业能力的基础上开展了课程转换，将职业能力和课程进行了对接，构建了中高职衔接、高本衔接教学标准，详细研究了各阶段培养目标、职业范围、人才规格、课程结构等，详细研究了课程体系，对每门课程的教学内容、教学要求、参考学时等进行了分析与研讨。项目组形成了一系列研究成果，包括《人才需求调研报告》和《中高本衔接轨道交通运营管理专业职业能力分析报告》。

在广东省教育厅和广东省教育研究院的指导下，在项目组共同努力下，在行业企业的积极参与下，最终形成了本书的研究成果。在此，项目组对参与本书编制的全体人员表示由衷的感谢。

由于水平有限，书中难免出现错漏，敬请读者不吝指正。

轨道交通运营管理专业教学标准研制项目组

2018年4月

目 录

上 篇

中高职衔接城市轨道交通运营管理专业教学标准

高本衔接城市轨道交通运营管理专业教学标准

下 篇

中高职衔接城市轨道交通运营管理专业课程标准

高本衔接城市轨道交通运营管理专业课程标准

附 录

上　篇
中高职衔接城市轨道交通运营管理专业教学标准

一、专业名称及代码

中职学段：城市轨道交通运营管理（专业代码：080700）。
高职学段：城市轨道交通运营管理（专业代码：600606）。

二、招生对象

中职学段：初中毕业生及同等学力者。

高职学段：转段考核合格的中职学校城市轨道交通运营管理专业等相应专业的正式学籍学生。

三、基本学制与学历

（一）学制

中高职衔接（“3+2”学制）：中职学段三年，高职学段二年。

（二）学历

中职学段学习合格取得中职教育学历，高职学段学习合格取得专科学历。

四、培养目标

（一）中职学段培养目标

本专业培养与我国社会主义现代化建设要求相适应，德、智、体、美全面发展，面向城市轨道交通、城市公共交通、高速铁路等行业（企业），能从事站务员、客运服务员、售票员等工作，具备车站旅客服务、票务办理、列车接发等职业能力和继续学习能力，以及工作在生产、服务、管理第一线的初级高素质劳动者和技能型人才。

（二）高职学段培养目标

本专业培养与我国社会主义现代化建设要求相适应，德、智、体、美全面发展，面向城市轨道交通、城市公共交通、高速铁路等行业（企业），从事站务员、行车值班员、行车调度员、安全管理员等工作，具备车站客流组织、行车组织、应急处理和票务处理等职业能力和自主学习能力，以及工作在生产、服务、管理第一线的发展型、复合型和创新型的中级技术技能人才。

五、职业范围

（一）职业生涯发展路径

轨道交通运营管理专业职业生涯发展路径如表 1－1 所示。

表 1－1　轨道交通运营管理专业职业生涯发展路径

发展阶段	就业岗位				学历层次	发展年限/年（参考时间）		
	操作岗位	技术管理岗位				中职	高职	本科
Ⅴ		OCC 值班主任	站长、主任级	高级设计师	本科		6～12	6～10
Ⅳ		行车调度员	主办、助理级（客运、票务、安全、技术）	设计师	本科		4～8	4～5
Ⅲ	值班站长、助理设计师				本科	5～8	3～5	1～3
Ⅱ	客运值班员、行车值班员、乘务值班员、技术员				高职	3～5	2～3	0～1
Ⅰ	站务员				中职	2～3	1～2	

（二）中职学段面向职业范围

中职学段职业岗位及证书要求如表 1－2 所示。

表 1－2　中职学段职业岗位及证书要求

序号	对应职业（岗位）	职业（岗位）方向	职业资格证书举例
1	站务员	客运服务、票务办理、列车接发	站务员
2	客运值班员	客流组织、票务管理、乘客服务管理	客运值班员

以上岗位的主要任务和内涵如下：

1. 站务员岗位

从事城市轨道交通车站乘客服务、设备操作、票务办理和站台列车接发工作。

2. 客运值班员岗位

从事车站客流组织、客运管理、票务管理，组织站务员做好客运服务工作，确保车站有序运行。

（三）高职学段面向职业范围

高职学段职业岗位及证书要求如表 1－3 所示。

表 1－3　高职学段职业岗位及证书要求

序号	对应职业（岗位）	职业（岗位）技能方向	职业资格证书举例
1	站务员	客运服务、乘客事务处理、票务管理、列车接发	高级站务员
2	客运值班员	客流组织、票务处理、应急处理	客运值班员
3	行车值班员	列车运行调度指挥、运行系统优化、处理列车运行故障、组织列车运营	行车值班员
4	值班站长	在值班时间内负责管理、监督、安排及记录车站所有有关客运服务工作及协调维修事项的安排；充分利用车站的资源确保车站的日常事件、事故及票款得到适当处理	值班站长

以上岗位的主要任务和内涵如下：

1. 站务员岗位

从事城市轨道交通车站乘客服务、设备操作、票务办理和站台列车接发工作。

2. 客运值班员岗位

从事车站客流组织、客运管理、票务管理，组织站务员做好客运服务工作，确保车站有序运行。

3. 行车值班员岗位

从事车站行车作业、车站行车设备管理，处理车站行车安全事故，确保行车安全。

4. **值班站长岗位**

协助站长工作，在值班时间内负责管理、监督、安排及记录车站所有有关客运服务工作及协调维修事项的安排；充分利用车站的资源确保车站的日常事件、事故及票款得到适当处理，以确保向乘客提供优质、安全的客运服务，并调动班组员工的工作热情，确保工作任务圆满完成。

六、人才规格

（一）中职学段人才规格

1. **职业素养**

（1）具有良好的道德品质，吃苦耐劳、爱岗敬业、遵纪守法。

（2）具有较强的轨道交通企业纪律意识，具备良好的心理素质和抗压能力。

（3）具有较强的服从意识。

（4）具有安全生产知识和责任意识，保证工作质量，具有较强的服务意识，提高乘客满意度。

（5）具有良好的团队合作精神和人际交往能力，具备较强的工作执行能力，高效完成工作。

2. **专业能力**

（1）具备城市轨道交通行车组织、城市轨道交通客运组织、票务管理、安全管理相关专业知识，以及基本的团队管理知识，能够完成岗位工作。

（2）熟悉车站各类业务规章。

（3）按行业标准进行站台接发列车、组织旅客安全乘降。

（4）能够识读城市轨道交通列车运行图，并配合按图组织行车。

（5）配合车站进行施工请、销点等作业。

（6）能够操作车站现场设备。

（7）掌握客流组织方法，按标准开展厅巡、站台服务和客服中心日常业务。

（8）掌握日常票务业务处理技能，具备票务应急与安全管理能力。

（9）熟悉安全应急预案、危险品识别与处理。

（10）具备手摇道岔、人工引导接车等行车应急处理能力。

（11）配合车站进行大客流的控制及疏导。

（12）具备按照规章制度处理乘客投诉等事务的能力。

（13）掌握良好的城市轨道交通客运服务礼仪及技巧，为旅客提供优质服务。

（二）高职学段人才规格

1. **职业素养**

（1）具有良好的道德品质，吃苦耐劳、爱岗敬业、遵纪守法。

（2）具有较强的轨道交通企业纪律意识，具备良好的心理素质和抗压能力。

（3）具有安全生产知识和责任意识，保证工作质量，具有较强的服务意识，提高乘客满意度。

（4）具有较好的沟通、团队合作与组织管理能力，并通过信息的有效处理，具备解决问题的能力。

（5）具有较强的自主学习能力，能够在工作岗位上有所革新和创新。

2. 专业能力

（1）具备城市轨道交通行车组织、城市轨道交通客运组织、票务管理、安全管理相关专业知识，以及基本的团队管理知识，能够完成岗位工作。

（2）熟悉车站各类业务规章。

（3）按行业标准接发列车，能够进行突发事件的应急处理。

（4）能够编制城市轨道交通列车运行图，并按图组织行车及列车运行调整。

（5）具备车站请、销点等施工组织及管理能力。

（6）能够操作运输设备，能够进行设备故障应急处理。

（7）掌握客流组织方法，能够开展和指导厅巡、站台服务和客服中心日常业务。

（8）掌握日常票务业务处理技能，具备票务应急与安全管理能力。

（9）具备车站安全隐患排查、安全关键点卡控技能。

（10）具备行车、客运、票务应急处理能力。

（11）具备车站行政事务管理、备品管理、班组管理等车站基础管理能力。

（12）具备按照规章制度处理乘客投诉、客伤等事务的能力。

（13）掌握良好的城市轨道交通客运服务礼仪及技巧，为旅客提供优质服务。

七、典型工作任务及职业能力分析

针对本专业中职、高职的站务员、值班员、值班站长等目标岗位，面向行业企业，运用头脑风暴、企业调研、文献研究、个案分析等方法开展职业能力分析，获得25个工作项目、86项工作任务、437条职业能力及84条职业素养，详见“附录1. 轨道交通运营管理专业职业能力分析表”。

八、课程结构

（一）中职学段课程结构

中高职衔接城市轨道交通运营管理专业中职学段课程结构如表1-4所示。

表 1-4 中职学段课程结构

课程模块		课程名称	课程性质
公共基础课程		职业生涯规划	必修课
		职业道德与法律	必修课
		经济政治与社会	必修课
		哲学与人生	必修课
		语文	必修课
		数学	必修课
		英语	必修课
		计算机应用基础	必修课
		体育与健康	必修课
		公共艺术	必修课
		历史	必修课
专业课程	专业核心课程	城市轨道交通客运服务礼仪 *	必修课
		城市轨道交通客流组织 *	必修课
		城市轨道交通车站应急处理	必修课
		城市轨道交通行车组织实务 *	必修课
		城市轨道交通票务处理	必修课
		城市轨道交通车站设备	必修课
		项目实习	必修课
	城市公共交通专业（技能）方向课程	城市公共交通运营管理实务	限选课
		汽车站务管理实务	限选课
		城市公共交通调度	限选课

注：(1)“*”表示中高职衔接课程。(2) 专业（技能）方向课程是各学校根据自己的特色和学生就业方向设置的课程，如果专业对应的职业岗位针对性较强，也可以不设专业方向。

（二）高职学段课程结构

中高职衔接城市轨道交通运营管理专业高职学段课程结构如表 1－5 所示。

表 1－5　高职学段课程结构

<table>
<tr><th colspan="2">课程模块</th><th>课程名称</th><th>课程性质</th></tr>
<tr><td colspan="2" rowspan="9">公共基础课程</td><td>思想品德修养与法律基础</td><td>必修课</td></tr>
<tr><td>毛泽东思想和中国特色社会主义理论体系概论</td><td>必修课</td></tr>
<tr><td>形势与政策</td><td>必修课</td></tr>
<tr><td>高等应用数学</td><td>必修课</td></tr>
<tr><td>英语</td><td>必修课</td></tr>
<tr><td>计算机应用基础</td><td>必修课</td></tr>
<tr><td>体育</td><td>必修课</td></tr>
<tr><td>就业指导与职业生涯设计</td><td>必修课</td></tr>
<tr><td>创新创业基础</td><td>必修课</td></tr>
<tr><td rowspan="13">专业课程</td><td rowspan="8">专业核心课程</td><td>城市轨道交通行车组织＊</td><td>必修课</td></tr>
<tr><td>城市轨道交通客运组织＊</td><td>必修课</td></tr>
<tr><td>城市轨道交通运输设备</td><td>必修课</td></tr>
<tr><td>城市轨道交通运营安全管理</td><td>必修课</td></tr>
<tr><td>城市轨道交通客运服务＊</td><td>必修课</td></tr>
<tr><td>城市轨道交通技术管理规章</td><td>必修课</td></tr>
<tr><td>城市轨道交通车站管理实务</td><td>必修课</td></tr>
<tr><td>顶岗实习</td><td>必修课</td></tr>
<tr><td rowspan="3">铁路运输专业方向课程</td><td>铁路货运组织</td><td>限选课</td></tr>
<tr><td>铁路站场与枢纽</td><td>限选课</td></tr>
<tr><td>高速铁路概论</td><td>限选课</td></tr>
<tr><td rowspan="2">道路运输专业方向课程</td><td>城市公共交通运营管理</td><td>限选课</td></tr>
<tr><td>现代汽车站务管理</td><td>限选课</td></tr>
</table>

注：（1）“＊”表示中高职衔接课程。（2）专业（技能）方向课程是各学校根据自己的特色和学生就业方向设置的课程，如果专业对应的职业岗位针对性较强，也可以不设专业方向。

九、课程内容及要求

（一）中职学段课程内容及要求

1. 公共基础课程

中职学段公共基础课程主要教学内容及要求如表 1－6 所示。

表 1－6 中职学段公共基础课程主要教学内容及要求

序号	课程名称	主要教学内容和要求	参考学时
1	职业生涯规划	本课程依据《中等职业学校德育课课程教学大纲》开设，旨在引导学生树立正确的职业理想和职业观念，让学生能够根据社会需要和自身特点进行职业生涯规划。课程分成五大模块：职业生涯规划与职业理想；职业生涯发展条件与机遇；职业生涯发展目标与措施；职业生涯发展与就业、创业；职业生涯规划管理与调整。通过课堂体验、活动探索形成生涯规划能力，树立正确的职业观、择业观和成才观	36
2	职业道德与法律	本课程依据《中等职业学校德育课课程教学大纲》开设，从了解文明礼仪开始，循序渐进地陶冶学生的道德情操，增强职业道德意识和法治观念，指导学生掌握与日常生活和职业活动密切相关的法律常识。教学中注重引导学生合作探究和实践学习，坚持贴近学生、贴近职业、贴近社会，增强德育教育的针对性、主动性和时代感，做到理论与实际相结合，知、信、行相统一	36
3	经济政治与社会	本课程依据《中等职业学校德育课课程教学大纲》开设，从商品的交换与消费切入，透视企业的生产与经营、个人的收入与理财相关的经济现象；站在社会主义的基本经济制度和社会主义市场经济的立场上，坚持对外开放的基本国策，投身到小康社会的经济建设中；了解我国民主政治的发展道路，拥护社会主义政治制度；做到参与政治生活，依法行使民主权利，履行义务，承担责任，关注改善民生和国际社会，维护国家利益，明白建设和谐社会人人有责	36
4	哲学与人生	本课程依据《中等职业学校德育课课程教学大纲》开设，旨在运用唯物论原理，鼓励学生坚持从客观实际出发，脚踏实地、自强不息地促进人生发展。学生能用普遍联系、发展变化和矛盾观点辩证看问题，树立积极的人生态度；能坚持认识和实践的统一，懂得透过现象认识本质，提高明辨是非的人生发展能力；能做到顺应历史潮流，在掌握历史规律的基础上，清楚人的本质与利己、利他的关系，凭着理想信念与意志责任，在社会劳动奉献中发展自我，创造人生价值，实现人的全面发展与个性自由	36

续上表

序号	课程名称	主要教学内容和要求	参考学时
5	语文	本课程依据《中等职业学校语文教学大纲》开设，要求学生掌握语文基础知识，以及日常生活和职业岗位需要的现代文阅读能力、写作能力、口语交际能力，具有初步的文学作品欣赏能力和浅易文言文阅读能力。本课程设置语文综合实践活动，通过创设生活情境和职业情境，提高学生综合运用知识、技能、方法的能力。使学生掌握基本的语文学习方法，养成自学和运用语文的良好习惯。加强学生阅读与鉴赏经典作品的能力与基础写作能力，为学生的继续发展服务	162
6	数学	本课程依据《中等职业学校数学教学大纲》开设，要求学生掌握必要的数学基础知识，培养观察能力、空间想象能力、分析与解决问题能力和数学思维能力，为学习专业知识、掌握职业技能、继续学习和终身发展奠定基础。教学内容由基础模块与拓展模块两个部分构成：基础模块包括集合、不等式、函数、指数函数与对数函数、三角函数、数列、平面向量、直线和圆的方程、立体几何（选学）、概率与统计初步（选学）；拓展模块包括：三角公式及应用、平面解析几何（椭圆、双曲线、抛物线）、概率与统计	162
7	英语	本课程依据《中等职业学校英语教学大纲》开设，以满足各专业学生就业与升学需求为目标，以融合文化素养、职业技能、语言知识为原则，巩固与延续初中基础英语知识，培养学生听、说、读、写技能，并初步形成日常生活和职业场景的英语应用能力。要求学生能听懂和说出简单指令；能读懂简单的应用文及进行简单写作；能理解语法项目的形式与意义，并应用于交际任务；能在交流中做到语音、语调基本达意	162
8	计算机应用基础	本课程依据《中等职业学校计算机基础教学大纲》开设，要求学生学习计算机基础知识、Windows 桌面操作系统的功能及使用、办公软件的使用、计算机网络的基础知识及使用。通过学习，掌握计算机操作的基本技能，具有常用的文字处理能力、常用的数据处理能力和一定的演示文稿处理能力，具有一定的信息获取、整理、加工能力和网上交互能力，为以后的学习和工作打下基础	90
9	体育与健康	本课程依据《中等职业学校体育与健康教学大纲》开设，以“健康第一”为指导思想，传授体育与健康的基本文化知识、体育技能和方法。在掌握两项以上体育技能的基础上，通过参与集体性体育活动，培养学生良好的人际关系和合作精神。学习与职业生涯相关的体育运动项目，认识体育对提高就业和创业能力的价值，提高学生的综合职业素质，养成终身从事体育锻炼的意识、能力与习惯，提高生活质量，为全面促进学生身体健康、心理健康和社会适应能力服务	144

续上表

序号	课程名称	主要教学内容和要求	参考学时
10	公共艺术	本课程依据《中等职业学校公共艺术课程教学大纲》开设，以审美教育为核心，通过艺术作品赏析和艺术实践活动，使学生了解或掌握各种艺术门类的基本知识、技能和原理，认识不同艺术类型的表现形式、审美特征，掌握欣赏艺术作品的方法、要领及规律，增强学生对艺术的理解与分析评判的能力，从而提高学生对艺术的鉴赏力及对美丑的分辨力，净化心灵，陶冶情操，丰富学生的人文素养和精神世界，拓展学生的审美视野，发展创新思维与合作意识，形成正确的人生观、世界观和价值观，对提升学生今后的生活品质和文化品位有积极的促进作用	36
11	历史	本课程是中等职业学校开设的一门公共基础课程，是在义务教育阶段历史课程的基础上，结合中职学校实际情况，坚持唯物史观为指导，引导学生对中国及世界历史进行更加深入的学习，促进学生进一步拓展历史视野，培养历史意识，发展历史思维，提高历史素养；使学生能够从历史发展的角度理解并认同中华优秀传统文化，自觉培育和践行社会主义核心价值观，树立正确的历史观、世界观和人生观，为未来的学习、工作与生活奠定基础	36

2. **专业核心课程**

中职学段专业核心课程主要教学内容及要求如表 1 – 7 所示。

表 1 – 7　中职学段专业核心课程主要教学内容及要求

序号	课程名称	对接职业能力	主要教学内容和要求	参考学时
1	城市轨道交通客运服务礼仪*	01 – 01 – 01、01 – 01 – 02、01 – 01 – 03、01 – 01 – 04、01 – 02 – 02、01 – 02 – 03、01 – 02 – 06、01 – 02 – 07、01 – 02 – 08、02 – 01 – 01、02 – 01 – 02、02 – 01 – 03、02 – 01 – 05、02 – 03 – 01、02 – 03 – 02、02 – 03 – 03、02 – 03 – 04、02 – 03 – 05、02 – 04 – 01、02 – 04 – 04、02 – 04 – 05、02 – 05 – 01、02 – 05 – 02、02 – 05 – 03	主要教学内容：仪容仪表礼仪；仪态礼仪；服务语言技巧；服饰礼仪；乘客投诉处理；乘客事务处理 要求：掌握城市轨道交通车站客运服务礼仪技巧，熟知规章规范，掌握正确仪表仪态仪容及服饰要求，学会与乘客沟通的技巧，以及乘客事务处理、乘客投诉处理的方法，并学以致用	108

续上表

序号	课程名称	对接职业能力	主要教学内容和要求	参考学时
2	城市轨道交通客流组织 *	08－01－01、08－01－02、08－01－03、08－01－04、08－02、09－02－04、09－02－05、09－03、09－04－01、09－04－02、09－04－03、09－04－04、09－04－05、09－04－08、09－04－09、09－04－10、10－01、10－02	主要教学内容：客运服务设备；车站设备使用和操作；车站工作流程；客流监控与引导 要求：掌握地铁车站技术设备、服务设备的使用及操作程序；掌握日常客流、大客流的客流组织方法；掌握车站票务作业及票务事务处理办法	144
3	城市轨道交通车站应急处理	15－01、15－02、15－03、15－04、15－05	主要教学内容：行车安全应急处理；票务应急处理；服务应急处理；突发事件应急处理；危机公关处理 要求：能够处理各种特殊情况下的行车安全应急事件；能够参与编制票务应急处理预案，组织培训和准确执行预案；能够处理乘客有关应急事件，准确处理乘客纠纷、受理乘客投诉；能够处理特殊天气、火灾、地震等突发事件；能够进行危机公关	108
4	城市轨道交通行车组织实务 *	11－01－01、11－01－02、11－01－03、11－01－04、11－01－05、11－01－06、11－01－07、11－01－08、11－01－09、11－01－10、11－01－11、11－01－12、13－03－03、13－03－04、13－03－05、13－03－06、13－03－07	主要教学内容：接发列车程序；乘客文明候车引导；站台、列车乘客状态监控；站台设备状况及列车运行状况监控；紧急停车按钮操作；屏蔽门和车门操作；PSL 操作方法；PSL 互锁解除操作方法；紧急疏散情况下屏蔽门、紧急疏散门、端门的开启关闭方法；清客方法；发车手信号；通过手信号；紧急停车手信号；三二一车距离信号；引导信号 要求：能够执行接发列车程序，引导乘客文明候车；监控站台、列车乘客状态，监控站台设备状况及列车运行状况，操作紧急停车按钮；熟练操作屏蔽门和车门，操作 PSL 方法，操作 PSL 互锁解除；掌握紧急疏散情况下屏蔽门、紧急疏散门、端门开启关闭方法和清客方法；能够显示发车、通过、紧急停车、三二一车距离、引导信号等手信号	180

续上表

序号	课程名称	对接职业能力	主要教学内容和要求	参考学时
5	城市轨道交通票务处理	03-01、03-02、03-03、04-02、04-03、05-01、05-02、05-03、05-04、09-03-02、09-03-05、09-03-06、09-03-07、09-03-08、09-03-09、09-03-10	主要教学内容：客服中心售票；现金管理；车票及备品管理；票务设备操作；票务报表的填写与审核；票务收益安全管理；票务统计和银行业务 要求：掌握城市轨道交通票务处理技能与技巧；熟知规章规范；学会操作车站机电设备与票务设备；学会票务安全管理和票务业务运作	108
6	城市轨道交通车站设备	01-02-04、02-02、02-05、03-01、03-03、04-01、04-03、07-02-03、07-02-04、07-02-09、08-01、08-02、09-01-01、09-04-07、09-04-08、11-01-04、12-02-11、14-01-05、15-04-01、15-04-06、17-02-09、17-02-10、17-02-11	主要教学内容：城市轨道交通屏蔽门系统；车站扶梯系统；售检票设备等 要求：掌握屏蔽门设备的日常维护和操作；掌握售检票设备的维护和使用等	108
7	项目实习	01-01-01、01-01-02、01-01-03、01-01-04、01-02-01、01-02-02、01-02-03、01-02-04、01-02-05、01-02-06、01-02-07、01-02-08	主要教学内容：乘客问询；客运服务；站台安全 要求：掌握乘客服务技巧；熟悉厅巡岗、站台岗工作流程	540

注：(1)“对接职业能力”栏目下的职业能力编码，与本书“附录1. 轨道交通运营管理专业职业能力分析表”中的编码对应，学科课程除外。(2)“*”表示中高职衔接课程。

3. 城市公共交通专业（技能）方向课程

中职学段城市公共交通专业（技能）方向课程主要教学内容及要求如表1-8所示。

表 1-8　中职学段城市公共交通专业（技能）方向课程主要教学内容及要求

序号	课程名称	对接职业能力	主要教学内容和要求	参考学时
1	城市公共交通运营管理实务	26-05、26-08	主要教学内容：城市交通发展模式；公共汽车和电车客运系统；公共出租汽车客运系统；城市轨道交通客运系统；城市公交从业人员素质与职业道德；智能交通管理 要求：掌握城市公交日常运作、出租车公司运营管理	108
2	汽车站务管理实务	07-01、15-05	主要教学内容：汽车运输质量与效率；汽车站务作业的作业程序及内容；汽车客运运价；汽车客运调度；汽车旅客运输统计；汽车客运服务规范化；高速公路客运管理等 要求：掌握汽车客运站运作流程、公车站场的日常管理、汽车运输调度相关技能	108
3	城市公共交通调度	24-01、24-03-01、26-01、26-02、26-03	主要教学内容：客流调查；线网规划；行车作业计划的编制；调度方法的运用；智能调度技术及其应用 要求：能够组织客流调查并编制公交行车作业计划；能够根据现场情况对公交运行进行调度	108

注："对接职业能力"栏目下的职业能力编码，与本书"附录 1. 轨道交通运营管理专业职业能力分析表"中的编码对应，学科课程除外。

（二）高职学段课程内容及要求

1. 公共基础课程

高职学段公共基础课程主要教学内容及要求如表 1-9 所示。

表 1-9　高职学段公共基础课程主要教学内容及要求

序号	课程名称	主要教学内容和要求	参考学时
1	思想品德修养与法律基础	本课程是高校大学生进行思想道德和法制观念教育的必修课，通过该课程的理论学习和实践体验，帮助大学生形成正确的理想信念，弘扬爱国主义精神，确立正确的人生观和价值观，加强思想品德修养，增强学法、守法、用法的自觉性，全面提高思想道德素质和法律素质，使之成为品学兼优的社会主义现代化建设应用型人才	72

续上表

序号	课程名称	主要教学内容和要求	参考学时
2	毛泽东思想和中国特色社会主义理论体系概论	本课程主要对学生进行中国特色社会主义理论与实践教育，使学生能够正确地理解和掌握毛泽东思想、中国特色社会主义理论的科学体系、精神实质和立场、观点、方法，树立建设中国特色社会主义的坚定信念，培养运用马克思主义的立场、观点和方法分析和解决问题的能力，增强执行党的基本路线和基本纲领的自觉性和坚定性，积极投身全面建设小康社会的伟大实践	72
3	形势与政策	本课程通过使学生了解国际、国内形势，全面正确认识党和国家面临的形势和任务，正确认识世情、国情、党情，正确理解并拥护党的路线、方针和政策；增强学生的爱国主义责任感和使命感，不断提高学生的爱国主义和社会主义觉悟；增强实现改革开放和社会主义现代化建设宏伟目标的信心和社会责任感，提高当代大学生投身于国家经济建设事业的自觉性和端正态度，明确自身的人生定位和奋斗目标	36
4	高等应用数学	通过本课程各个环节的教学，使学生获得必需的数学知识，逐步培养学生的抽象思维能力、逻辑推理能力、空间想象能力和自学能力。主要内容包括函数、极限、连续、一元函数微分学、一元函数积分学、向量代数与空间解析几何学、多元函数微分学、多元函数积分学、无穷级数与常微分方程等，为学习后续课程和进一步获得数学知识奠定必要的基础	72
5	英语	本课程以培养学生实际应用英语的能力为目标，侧重职场环境下语言交际能力的培养，使学生逐步提高用英语进行交流与沟通的能力。同时，使学生掌握有效的学习方法和策略，培养学生的学习兴趣和自主学习能力，提高学生的综合文化素养和跨文化交际意识，为提升学生的就业竞争力及为未来的可持续发展打下必要的基础	144
6	计算机应用基础	在中职计算机应用基础课程基础上，进一步学习计算机、计算机网络、信息安全等方面的基础知识和办公软件高级应用，学习多媒体基础知识及使用、网页基础知识及使用。通过学习，提高计算机应用综合素养和办公软件高级应用技能，具有简单处理图像、声音、视频等多媒体的能力及简单的静态网页制作与发布能力	72

续上表

序号	课程名称	主要教学内容和要求	参考学时
7	体育	本课程的目标是全面锻炼学生的身体，使学生增强体质，掌握体育基本知识、技术、技能，培养终身体育锻炼的能力和习惯。通过本课程的学习和训练，使学生了解体育锻炼的原则与方法、常见运动损伤的预防与处理，具有一定的体育文化欣赏能力；掌握两项以上体育运动项目的基本知识、技术、技能；增强体质，促进身心健康，培养吃苦耐劳、勇敢顽强的意志品质；养成终身体育锻炼的能力和习惯，达到健康体质测试合格标准	72
8	就业指导与职业生涯设计	本课程是关于职业启蒙、职业目标、职业意识、求职技巧和创业准备的应用型课程，教学目的是培养学生的社会能力和方法技能，提高其可雇用能力。让学生理解职业与成才的关系，理解职业生涯设计的意义和基本内容；让学生学会认识自己和社会，初步完成职业生涯设计；让学生初步形成职业意识，学会初到企业的通用行为规范，学会处理企业中的人际关系；让学生掌握求职申请和面试的基本技巧	36
9	创新创业基础	本课程是创新创业梯级课程体系的基础启蒙课程，主要任务是培养学生创新精神与创业意识，教授学生创业知识，锻炼创业能力。以创业者素质要求→评估创业机会→创建企业→创业过程管理→创业企业发展为主线，通过本课程学习，学生可以掌握开展创业活动所需要的基本知识，认知创业的基本内涵和创业活动的特殊性，辩证地认识和分析创业机会、创业资源、创业计划和创业项目；培养必要的诚信力、决策力、管理力、创建力和社交力等素质，掌握创业资源整合与创业计划撰写的方法，熟悉新创企业的开办流程与管理，提高创办和管理企业的综合素质和能力；树立科学的创业观，主动适应国家经济社会发展和个体的全面发展需求，正确理解创新创业与职业生涯发展的关系，自觉遵循创新创业规律，积极投身创新创业实践	36

2. 专业核心课程

高职学段专业核心课程主要教学内容及要求如表1－10所示。

表1－10 高职学段专业核心课程主要教学内容及要求

序号	课程名称	对接职业能力	主要教学内容和要求	参考学时
1	城市轨道交通行车组织＊	11－02－01、11－02－02、11－02－03、11－02－04、11－02－05、11－02－06、11－02－07、11－02－08、12－01－02、12－02－10、12－02－11、13－01－01、13－01－02、13－01－03、13－02－01、13－02－02、13－02－03、13－03－01、	主要教学内容：行车设备监控；CCTV监控；运营前行车设备状态检查；列车运行情况监控；车站客流变化监控；设备运行状态监控；运行图执行监控；全线列车位置监控；运营时刻表；手摇道岔操作；消防环控操作；IBP操作；车站联锁设备操作；信号控制系统操作；组织运营前供电检查；组织运营前信号设备测试；运营线路出清确认；特殊情况下的信号显示 要求：能够监控行车设备、CCTV，检查运营前行车设备状态，监控列车运行情况、车站客流变化、设备运行状态、运行图执行、全线列车位置，读懂和运用运营时刻表，熟练操作手摇道岔、消防环控、IBP、车站联锁设备、信号控制系统，组织运营前供电检查、信号设备测试，确认运营线路出清，掌握特殊情况下的信号显示	72
2	城市轨道交通客运组织＊	04－01、04－02、04－03、05－01、05－02、05－03、05－04、06－01、06－02、06－03、09－02、09－03、09－04、10－01、10－02	主要教学内容：车站设备；日常客流组织与引导；大客流组织；票务业务处理；票务安全管理；票务业务运作；客运事故处理 要求：掌握城市轨道交通客运组织技能与技巧，熟知规章规范，学会操作车站机电设备与票务设备，学会票务安全管理和票务业务运作	72
3	城市轨道交通运输设备	02－03－04、07－01－01、07－01－03、07－02－03、08－02、09－01－01、09－02－02、09－04、11－01－04、11－01－06、12－02－04、13－02－01、14－01、15－01、15－04－13、15－04－14	主要教学内容：城市轨道交通线路、轨道；城市轨道交通车站、车辆段、信号设备、车站机电设备等 要求：掌握运输设备的工作原理、日常使用和操作，以及简单的故障维护	72

续上表

序号	课程名称	对接职业能力	主要教学内容和要求	参考学时
4	城市轨道交通运营安全管理	02－03－04、02－03－05、08－01－01、09－03－01、09－03－02、09－03－03、09－03－04、09－03－05、09－03－06、09－04－01、09－04－08、09－04－09、11－01－09、11－01－11、14－02－03、14－02－04、14－02－05、15－03－11、15－03－16、15－03－17、15－04－06、15－04－07、15－04－09、15－04－10、15－04－11、15－04－13、15－04－14、15－04－15、15－05－15、15－05－16、16－01－01、16－01－02、16－01－03、16－01－09、16－01－10、16－02－01、16－02－02、16－02－03、16－02－04、16－02－05、16－02－06、16－02－07、16－02－08	主要教学内容：城市轨道交通危险源识别与控制；城市轨道交通运营安全事故分析；城市轨道交通运营安全基础理论与常用方法；城市轨道交通安全管理方法与规章制度；城市轨道交通运营安全评价；城市轨道交通应急管理 要求：能够识别城市轨道交通企业危险源，开展安全事故调查和分析，制订应急管理预案等	72
5	城市轨道交通客运服务＊	01－01－01、01－01－02、01－01－03、01－01－04、01－02－02、01－02－03、01－02－06、01－02－07、01－02－08、02－01、02－03－01、02－03－02、02－03－03、02－03－04、02－03－05、02－05－03、10－01、10－02、15－03、15－04、15－05－01、15－05－10、15－05－13	主要教学内容：客运服务形象塑造；服务沟通；乘客事务处理；应急服务；客伤处理；媒体应对 要求：掌握城市轨道交通车站客运服务技巧与要求，熟知规章规范，掌握正确客运服务要求，学会与乘客沟通的技巧以及乘客事务处理、客伤处理、媒体应对、应急服务方法	36

续上表

序号	课程名称	对接职业能力	主要教学内容和要求	参考学时
6	城市轨道交通技术管理规章	02－04－03、02－05－01、02－05－02、02－05－03、04－03、05－03－01、05－03－02、06－01－01、07－02－09、08－02－01、08－02－02、08－02－03、08－02－04、09－04－01、09－04－08、11－01－08、12－02－10、12－02－11、14－02－01、14－02－02、14－02－03、14－02－04、14－02－05、15－01－06、15－01－07、15－01－08、15－03－04、15－03－05、15－03－11、15－03－16、15－03－17、15－04－12、15－05－02、15－05－03、15－05－04、15－05－05、15－05－06、15－05－07、15－05－15、15－05－16、17－01－01、17－02、17－03、17－04－01、17－04－02	主要教学内容：城市轨道交通调度组织管理；城市轨道交通乘务组织管理；城市轨道交通站务组织管理；城市轨道交通车站主要设备操作维护管理；城市轨道交通其他主要设备操作维护管理；城市轨道交通安全管理规则；城市轨道交通事故处理规则 要求：能够运用技术管理规章指导实际工作，熟悉各项规章制度的具体要求	72
7	城市轨道交通车站管理实务	02－05、05－03、06－01、06－02－03、06－03、08－02、09－04、11－01、12－01－02、13－01、13－02、14－01、15－01－13、15－02－01、15－03、15－04、15－05、16－01、16－02、17－01－01、17－02、17－03、17－04	主要教学内容：城市轨道交通车站基础管理工作，包括日常行车、客运业务；安全检查；行政管理、班组管理等 要求：能够管理车站运营班组，熟悉车站日常工作业务；能够处理车站突发事件	72
8	顶岗实习	01～26	主要教学内容：在地铁车站进行站务岗位的跟岗实习，围绕客运服务、乘客事务处理等工作内容开展实习 要求：掌握客运服务技巧，掌握客流组织的方法，具备乘客事务处理的能力	500

注：(1)“对接职业能力”栏目下的职业能力编码，与本书“附录1. 轨道交通运营管理专业职业能力分析表”中的编码对应，学科课程除外。(2)“*”表示中高职衔接课程。

3. **铁路运输专业方向课程**

高职学段铁路运输专业方向课程主要教学内容及要求如表1－11所示。

表1－11　高职学段铁路运输专业方向课程主要教学内容及要求

序号	课程名称	对接职业能力	主要教学内容和要求	参考学时
1	铁路货运组织	18－01、18－02	主要教学内容：铁路货物运输组织原理及货物运输计划；铁路货物运输基本作业；货运设备及货场管理；零担货物和集装运输；阔大货物运输；危险货物运输 要求：掌握铁路货运作业流程，制订货运作业计划，正确对货物进行装卸	72
2	铁路站场与枢纽	25－02、25－03	主要教学内容：铁路系统概述；线网规划；选线设计；车站功能设计；站场设计；车站配线设计 要求：能够对轨道交通线路进行规划，能够对车站、线路进行设计	72
3	高速铁路概论	20－03、25－01	主要教学内容：高速铁路工程项目的前期工作；轨道结构、线路、区间结构、供电系统、车站、车辆段、环控系统、防灾系统、售检票系统等高速铁路固定设施子系统；移动设施子系统——车辆；列车运行自动控制子系统；运营管理 要求：熟悉高速铁路的各组成部分的特征和运作	72

注："对接职业能力"栏目下的职业能力编码，与本书"附录1．轨道交通运营管理专业职业能力分析表"中的编码对应，学科课程除外。

4. **道路运输专业方向课程**

高职学段道路运输专业方向课程主要教学内容及要求如表1－12所示。

表1－12　高职学段道路运输专业方向课程主要教学内容及要求

序号	课程名称	对接职业能力	主要教学内容和要求	参考学时
1	城市公共交通运营管理	26－06、26－07	主要教学内容：城市交通发展模式；公共汽车和电车客运系统；公共出租汽车客运系统；城市轨道交通客运系统；城市公交从业人员素质与职业道德；智能交通管理 要求：熟悉城市公共交通各系统的特点、运营模式	108
2	现代汽车站务管理	07－02、09－03－01～09－03－06、17－01－01～17－01－11	主要教学内容：汽车运输质量与效率；汽车站务作业的作业程序及内容；汽车客运运价；汽车客运调度；汽车旅客运输统计；汽车客运服务规范化；高速公路客运管理等方面的相关理论知识 要求：掌握汽车客运站运作流程、公车站场的日常管理、汽车运输调度的相关技能	108

注："对接职业能力"栏目下的职业能力编码，与本书"附录1．轨道交通运营管理专业职业能力分析表"中的编码对应，学科课程除外。

十、教学安排

（一）中职学段教学安排

中职学段教学安排如表 1－13 所示。

表 1－13　中职学段课程教学安排

课程类别		课程名称	学分	总学时	各学期周数、学时分配					
					1	2	3	4	5	6
					18 周	18 周	18 周	18 周	18 周	18 周
公共基础课程	必修课	职业生涯规划	2	36	2					
		职业道德与法律	2	36		2				
		经济政治与社会	2	36			2			
		哲学与人生	2	36				2		
		语文	9	162	4	2			3	
		数学	9	162	4	2			3	
		英语	9	162	4	2			3	
		计算机应用基础	5	90		3	2			
		体育与健康	8	144	2	2	2	2		
		公共艺术	2	36		2				
		历史	2	36			2			
		已安排课程小计	52	936	16	15	8	4	9	
	任选课	……	…	…	…	…	…	…	…	…
		小计		1 100						
专业课程	专业核心课程（必修课）	城市轨道交通客运服务礼仪 *	6	108	6					
		城市轨道交通客流组织 *	8	144		8				
		城市轨道交通车站应急处理	6	108				6		
		城市轨道交通行车组织实务 *	10	180			6	4		
		城市轨道交通票务处理	6	108			6			
		城市轨道交通车站设备	6	108			6			
		项目实习	18	540						30
		已安排课程小计	60	1 296	6	8	18	10	0	30
		……	…	…	…	…	…	…	…	…
		小计		1 500						

续上表

课程类别		课程名称	学分	总学时	各学期周数、学时分配					
					1	2	3	4	5	6
					18 周	18 周	18 周	18 周	18 周	18 周
专业课程	城市公共交通专业（技能）方向课程	城市公共交通运营管理实务	6	108				6		
		汽车站务管理实务	6	108					6	
		城市公共交通调度	6	108					6	
		已安排课程小计	18	324				6	12	
		……	…	…	…	…	…	…	…	…
		小计		400						
	任选课	……	…	200	…	…	…	…	…	…
已安排课程合计			130	2 592	22	23	26	20	21	30
……			…	…	…	…	…	…	…	…
合计			≥170	3 200	28	28	28	28	28	30

注：（1）中职学段总学时数为 3 200 学时，公共基础课时不少于 1/3，专业核心课程占 1 500 学时，专业（技能）方向课程占 400 学时。（2）“ * ”表示中高职衔接课程。（3）“项目实习”由中高职对口院校共同商讨实习内容、形式和时间，包括项目工厂实习、工作室实习等多种形式，原则上安排在第六学期进行。（4）“……”表示由各院校自行安排的必修课程、选修课程。（5）原则上每 18 学时换算 1 学分。（6）总学分不少于 170。

（二）高职学段教学安排

高职学段教学安排如表 1 – 14 所示。

表 1 – 14　高职学段课程教学安排

课程类别		课程名称	学分	总学时	各学期周数、学时分配			
					1	2	3	4
					18 周	18 周	18 周	18 周
公共基础课程	必修课	思想品德修养与法律基础	4	72	2	2		
		毛泽东思想和中国特色社会主义理论体系概论	4	72			4	
		形势与政策	2	36	1	1		
		高等应用数学	4	72	4			

续上表

课程类别		课程名称	学分	总学时	各学期周数、学时分配			
					1	2	3	4
					18 周	18 周	18 周	18 周
公共基础课程	必修课	英语	8	144	4	4		
		计算机应用基础	4	72		4		
		体育	4	72	2	2		
		就业指导与职业生涯设计	2	36	1		1	
		创新创业基础	2	36	2			
		已安排课程小计	34	612	16	13	5	0
		……	…	…	…	…	…	…
		小计		650				
专业课程	专业核心课程（必修课）	城市轨道交通行车组织 *	4	72	4			
		城市轨道交通客运组织 *	4	72		4		
		城市轨道交通运输设备	4	72	4			
		城市轨道交通运营安全管理	4	72		4		
		城市轨道交通客运服务 *	2	36	2			
		城市轨道交通技术管理规章	4	72			4	
		城市轨道交通车站管理实务	4	72			4	
		顶岗实习	18	≈500				26
		已安排课程小计	44	968	10	8	8	26
		……	…	…	…	…	…	…
		小计		1 100				
	铁路运输专业方向课程	铁路货运组织	4	72		4		
		铁路站场与枢纽	4	72			4	
		高速铁路概论	4	72			4	
		已安排课程小计	12	216	0	4	8	0
		……	…	…	…	…	…	…
		小计		300				

续上表

课程类别		课程名称	学分	总学时	各学期周数、学时分配			
					1	2	3	4
					18 周	18 周	18 周	18 周
专业课程	道路运输专业方向课程	城市公共交通运营管理	6	108			6	
		现代汽车站务管理	6	108		6		
		已安排课程小计	12	216	0	6	6	0
		……	…	…	…	…	…	…
		小计		300				
已安排课程合计			90	1 796	26	25/27	21/19	26
任选课		……		150 ~ 200	…	…	…	…
合计			≥90	≈2 000	22 ~ 26	22 ~ 26	22 ~ 26	22 ~ 26

注：（1）高职学段总学时数约为 2 000 学时，公共基础课程约 20% ~30% 学时，专业核心课程占 1 100学时，专业方向课程占 300 学时。（2）“＊”表示中高职衔接课程。（3）“顶岗实习”包括毕业实习、毕业设计等多种形式，原则上安排在第六学期进行。（4）“……”表示由各院校自行安排的必修课程、选修课程。（5）原则上每 18 学时换算 1 学分。（6）总学分不少于 90，含军训及入学教育、社会实践、毕业教育等活动的学分。（7）“已安排课程合计”是公共基础课程、专业核心课程和其中 1 个方向课程的合计，不是公共基础课程和所有专业课程的合计。

十一、教学基本条件

（一）师资条件

1. 中职学段

（1）专业教师任职资格。

①具有城市轨道交通运营管理专业或相关专业大学本科及以上学历。②具有中等职业教师资格证书。③具有城市轨道交通运营管理专业初级及以上职业资格证书或相应技术职称。④具有良好的思想品德修养，遵守职业道德，为人师表，热爱、关心学生。⑤熟悉城市轨道交通运营管理专业的专业知识和相关理论，并能在教学过程中灵活运用。⑥能担任行车调度、客运服务、客流组织等课程的实习实训指导工作，并能正确完成技能操作示范。

（2）专业教学团队要求。

①有 1 ~2 名专业带头人，其中 1 人为来自企业的工程技术人员或专家。②每门课程都由讲师及以上职称的教师担任课程负责人。③专业教师的数量和结构能满足专业办学规模，其中，要求实践教学中来自企业一线的兼职教师占专业教师总数的 50% 以上。

2. **高职学段**

（1）专业教师任职资格。

①具有交通运输规划与管理专业或相关专业硕士以上学位。②具有高等职业学校教师资格证书。③具有城市轨道交通运营管理专业中级及以上职业资格证书或相应技术职称。④熟悉高职教育规律，具有良好的思想品德修养，遵守职业道德，为人师表，热爱、关心学生。⑤熟悉城市轨道交通运营管理专业的专业知识和相关理论，并具有一定的课程开发能力，能遵循高等职业教育教学规律进行课程设计、教学组织、教学实施和评价工作。⑥熟悉轨道交通行业的现状和发展趋势，熟悉轨道交通运营企业生产现状，能及时将企业新技术、新工艺、新知识等纳入课程教学。

（2）专业教学团队要求。

①有1~2名专业带头人，其中1人为来自企业的工程技术人员或专家。②每门课程都由讲师及以上职称的教师担任课程负责人。③专业教师的数量和结构能满足专业办学规模，其中实践教学中来自企业一线的兼职教师占专业教师总数的50%以上。

（二）实训实习条件

本专业应配备校内实训实习室和校外实训基地。

1. **校内实训室**

校内实训实习必须具备服务礼仪实训室、行车调度实训室及票务系统、车站设备等实训室，主要设施设备及数量如表1-15所示。

表1-15 校内实训室主要设施设备

序号	学段	实训室名称	主要工具和设施设备		
			名 称	规 格	数量（生均台/套）
1	中职	服务礼仪实训室	墙面镜	2 m×4 m	2
			便携式扩音器	套	2
			更衣室	间	1
			化妆台	台	10
2	中职	设备模型实训室	列车模型	个	4
			转向架	个	4
			受电弓	个	2
			闸机	个	2
			售票机	个	2

续上表

序号	学段	实训室名称	主要工具和设施设备		
			名　称	规　格	数量（生均台/套）
3	中职	行车调度沙盘模型系统实训室	包含至少6个车站的沙盘模型	套	1
			行车调度仿真软件系统	套	1
			车站终端电脑	套	6
4	中职	车站票务综合实训室	自动售检票系统	套	1
			检票闸机	台	4
			自动售票机	台	2
5	高职	室外轨道实训室	室外轨道线路	80 m	1
			室外转辙机	台	2
			信号机	台	3
			信号设备	套	2
6	高职	行车调度实训系统	行车调度仿真实训软件	套	1
7	高职	车站运营管理综合实训室	人工售票系统	套	1
			车站 IBP 盘实训系统	套	1
			屏蔽门实训系统	套	1

2. **校外实训基地**

（1）校外实训基地的数量应在3个以上。

（2）校外实训基地应保持3年以上相对稳定。

（3）校外实训基地应能提供专业学习需要的实习场所与条件，专业基本对口。

（4）学校应与提供校外实训基地的企业签订合作协议，保障学生安全和基本权益。

（5）校外实训基地应方便学生实习、实训，离学校距离近，交通方便。

十二、教学实施建议

（一）教学要求

1. **公共基础课程**

公共基础课程教学要符合教育部有关教育教学基本要求，按照培养学生基本科学文化素养、服务学生专业学习和终身发展的功能来定位，重在教学方法、教学组织形式的改革，教学手段、教学模式的创新，调动学生学习积极性，为学生综合素质的提高、职业能力的形成和可持续发展奠定基础。

2. 专业技能课程

专业技能课程教学，按照相应职业岗位（群）的能力要求，强调理论—实践—多媒体一体化教学，突出“做中学、做中教”的职教特色，实训课时与理论课时之比不低于1:1。专业技能课程建议采用项目教学、案例教学、任务驱动、角色扮演、情境教学等方法，创新课堂教学。

（二）教学评价

对学生的学业考评应体现评价主体、评价方式、评价过程的多元化，即教师评价、学生相互评价与自我评价相结合，有条件的学校可以聘请企业教师或第三方参与评价。专业课程的考核评价应尽量减少理论考试方式，以实操考核、项目考核和过程考核为主。学习过程性评价与终结性评价相结合，评价内容应涵盖情感态度、岗位能力、职业行为、对知识点的掌握、技能的熟练程度、完成任务的质量等。

（三）教学管理

教学管理要更新观念，改变传统的教学管理方式。教学管理要有一定的规范性和灵活性，合理调配教师、实训室和实训场地等教学资源，为课程的实施创造条件；要加强对教学过程的质量监控，改革教学评价的标准和方法，促进教师教学能力的提升，保证教学质量。

（四）其他

本标准是对专业建设、教学改革的普适性要求，对专业建设、教学改革起指导作用。各院校所开办的相关专业应在此标准的基础上，结合本专业的实际情况，修订形成校本的专业人才培养方案、课程大纲，并实施教学。这些实际情况主要包括地方或者行业对学校专业的具体人才需求，学校专业建设、教学改革的实际进展状态以及学生、教师、实践教学环境、产学合作条件等方面。

十三、开发团队

（一）参与开发的行业技术专家团队

参与开发的行业技术专家团队如表1－16所示。

表1－16 参与开发的行业技术专家团队

序号	姓名	单 位	职称或职务
1	夏荷香	广州地铁集团有限公司	经理
2	徐 娟	广州地铁集团有限公司	站长

续上表

序号	姓名	单 位	职称或职务
3	颜亚雄	广州地铁集团有限公司	工程师
4	宋嘉雯	广州地铁集团有限公司	工程师
5	唐 君	深圳市地铁集团有限公司	经理
6	庚新原	深圳市地铁集团有限公司	行车调度
7	郑雯珍	深圳市地铁集团有限公司	值班站长
8	李毅雄	东莞轨道交通有限公司	高级工程师
9	陆林泰	东莞轨道交通有限公司	值班站长
10	陈林盛	东莞轨道交通有限公司	站长
11	张耀章	东莞轨道交通有限公司	副总经理

（二）参与开发的学校教师团队

参与开发的学校教师团队如表 1－17 所示。

表 1－17 参与开发的学校教师团队

序号	姓名	单 位	职称或职务
1	黎新华	广东交通职业技术学院	副教授
2	肖 蒙	五邑大学	副教授
3	李俊辉	广东交通职业技术学院	讲师
4	郑 锂	广东交通职业技术学院	讲师
5	李怀俊	广东交通职业技术学院	教授
6	吴璇华	广东交通职业技术学院	讲师
7	彭湘涛	广东交通职业技术学院	讲师
8	丛 丛	广东交通职业技术学院	讲师
9	郭英明	广东省交通运输高级技工学校	高级讲师
10	王 玫	广东省交通运输高级技工学校	助理讲师
11	朱 锴	广东省交通运输高级技工学校	助理讲师
12	徐秋梅	广东省交通运输高级技工学校	助理讲师
13	高 扬	广东省交通运输高级技工学校	工程师
14	王文静	广东省交通运输高级技工学校	讲师

高本衔接城市轨道交通运营管理专业教学标准

一、专业名称及代码

高职学段：城市轨道交通运营管理（专业代码：600606）。
本科学段：轨道交通运营管理（专业代码：081202）。

二、招生对象

高职学段：高中毕业生、中职毕业生及同等学力者。
本科学段：转段考核合格的高职学校城市轨道交通运营管理专业的正式学籍学生。

三、基本学制与学历

（一）学制

高本衔接（“3+2”学制）：高职学段三年，本科学段二年。

（二）学历

高职学段学习合格取得专科学历，本科学段学习合格取得本科学历，授予工学学士学位。

四、培养目标

（一）高职学段培养目标

本专业培养与我国社会主义现代化建设要求相适应，德、智、体、美全面发展，面向城市轨道交通、城市公共交通、高速铁路等行业（企业），从事站务员、行车值班员、行车调度员、安全管理员等工作，具备车站客流组织、行车组织、应急处理和票务处理等职业能力，以及自主学习能力，在生产、服务、管理第一线的发展型、复合型和创新型的高级技术技能人才。

（二）本科学段培养目标

本专业培养与我国社会主义现代化建设要求相适应，德、智、体、美全面发展，面向城市轨道交通、高速铁路等行业（企业），从事站务员、乘务值班员、行车值班员、行车调度员、安全管理员、值班站长等工作，具备车站运营管理、线网调度能力，线网规划及站场设计能力职业能力，以及自主学习能力，在生产、建设、服务、管理第一线的高级管理应用型人才。

五、职业范围

（一）职业生涯发展路径

轨道交通运营管理专业职业生涯发展路径如表 1－1 所示。

（二）高职学段面向职业范围

高职学段职业岗位及证书要求如表 1－3 所示。所从事岗位的主要任务和内涵如下：

1．站务员岗位

从事城市轨道交通车站乘客服务、设备操作、票务办理和站台列车接发工作。

2．客运值班员岗位

从事车站客流组织、客运管理、票务管理，组织站务员做好客运服务工作，确保车站有序运行。

3．行车值班员岗位

从事车站行车作业、车站行车设备管理，处理车站行车安全事故，确保行车安全。

4．值班站长岗位

协助站长工作，在值班时间内负责管理、监督、安排及记录车站所有有关客运服务工作及协调维修事项的安排；充分利用车站的资源确保车站的日常事件、事故及票款得到适当处理，以确保向乘客提供优质、安全的客运服务，并调动班组员工的工作热情，确保工作任务圆满完成。

（三）本科学段面向职业范围

本科学段职业岗位及证书如表 1－18 所示。

表 1－18　本科学段职业岗位及证书

序号	对应职业（岗位）	职业（岗位）方向	职业资格证书举例
1	行车值班员	列车运行调度指挥、运行系统优化、处理列车运行故障、组织列车运营	行车值班员

续上表

序号	对应职业（岗位）	职业（岗位）方向	职业资格证书举例
2	值班站长	在值班时间内负责管理、监督、安排及记录车站所有有关客运服务工作及协调维修事项的安排；充分利用车站的资源确保车站的日常事件、事故及票款得到适当处理	值班站长
3	行车调度员	列车运行调度指挥、运行系统优化、处理列车运行故障、组织列车运营	行车调度员
4	主办、助理级	客流预测和分析、票务监督和制度制定、应急预案和组织演练、安全监督检查、技术管理	相关专业的中级职业资格
5	助理设计师	城市轨道交通规划设计、运营咨询和方案设计	助理工程师

以上岗位的主要任务和内涵如下：

1. **行车值班员岗位**

从事车站行车作业、车站行车设备管理，处理车站行车安全事故，确保行车安全。

2. **值班站长岗位**

协助站长工作，在值班时间内负责管理、监督、安排及记录车站所有有关客运服务工作及协调维修事项的安排；充分利用车站的资源确保车站的日常事件、事故及票款得到适当处理，以确保向乘客提供优质、安全的客运服务，并调动班组员工的工作热情，确保工作任务的圆满完成。

3. **行车调度员岗位**

从事列车运行调度指挥、运行系统优化工作，处理列车运行故障，组织列车运营。

4. **主办、助理级岗位**

在城市轨道交通运营企业相关职能部门从事客流预测分析、票务监督核查、安全监督和应急预案、具体技术管理。

5. **助理设计师**

在城市轨道交通规划设计单位、咨询公司从事项目前期调查、运营方案设计等工作。

六、人才规格

（一）高职学段人才规格

1. **职业素养**

（1）具有良好的道德品质，吃苦耐劳、爱岗敬业、遵纪守法。

（2）具有较强的轨道交通企业纪律意识，具备良好的心理素质和抗压能力。

（3）具有安全生产知识和责任意识，保证工作质量，具有较强的服务意识，提高乘客满意度。

（4）具有较好的沟通、团队合作与组织管理能力，并通过信息的有效处理，具备解决问题的能力。

（5）具有较强的自主学习能力，能够在工作岗位上有所革新和创新。

2. **专业能力**

（1）具备城市轨道交通行车组织、城市轨道交通客运组织、票务管理、安全管理相关专业知识，以及基本的团队管理知识，能够完成岗位工作。

（2）熟悉车站各类业务规章。

（3）按行业标准接发列车，能够进行突发事件的应急处理。

（4）能够编制城市轨道交通列车运行图，并按图组织行车及列车运行调整。

（5）具备车站请、销点等施工组织及管理能力。

（6）能够操作运输设备、设备故障应急处理。

（7）掌握客流组织方法，能够开展和指导厅巡、站台服务和客服中心日常业务。

（8）掌握日常票务业务处理技能，具备票务应急与安全管理能力。

（9）具备车站安全隐患排查、安全关键点卡控技能。

（10）具备行车、客运、票务应急处理能力。

（11）具备车站行政事务管理、备品管理、班组管理等车站基础管理能力。

（12）具备按照规章制度处理乘客投诉、客伤等事务的能力。

（13）掌握良好的城市轨道交通客运服务礼仪及技巧，为旅客提供优质服务。

（二）本科学段人才规格

1. **职业素养**

（1）具有良好的道德品质，吃苦耐劳、爱岗敬业、遵纪守法。

（2）具有较强的轨道交通企业纪律意识，具备良好的心理素质和抗压能力。

（3）具有很强的安全生产知识和责任意识，具有较强的服务意识，提高乘客满意度。

（4）具有较强的部门之间沟通协调能力、组织管理能力、应急处理能力及危机公关意识。

（5）具有较强的自主学习能力，能够在工作岗位上有所革新和创新。

2. **专业能力**

（1）具备城市轨道交通行车组织、城市轨道交通客运组织、票务管理、安全管理相关专业知识，以及基本的团队管理知识，能够完成岗位工作。

（2）熟悉车站各类业务规章。

（3）能够编制城市轨道交通列车运行图，并按图组织行车及列车运行调整、优化。

（4）能够对线网列车运行进行指挥调度。

（5）能够初步规划和设计轨道交通线路和站场。

（6）能够制定安全预案，进行车站安全管理。

（7）能够组织轨道交通事故调查、分析和处理。

（8）能够对轨道交通运营数据进行预测、分析、统计，并提出优化方案。

（9）能够组织车站接发列车，进行突发事件的应急处理。

（10）具备轨道交通施工组织及管理能力。
（11）能够运用轨道交通通信信号设备组织行车。
（12）通过车站安全教育培训，具备安全关键点卡控能力。
（13）具备危机公关能力，妥善处理乘客事务，灵活应对新闻媒体。
（14）具备部门事务管理、项目管理能力。

七、典型工作任务及职业能力分析

针对本专业高职、本科的站务员、值班员、值班站长、行车调度员等目标岗位，面向行业企业，运用头脑风暴、企业调研、文献研究、个案分析等方法开展职业能力分析，获得25个工作项目、86项工作任务、437条职业能力及84条职业素养，详见“附录1. 轨道交通运营管理专业职业能力分析表”。

八、课程结构

（一）高职学段课程结构

高本衔接城市轨道交通运营管理专业高职学段课程结构如表1－19所示。

表1－19 高职学段课程结构

课程模块		课程名称	课程性质
公共基础课程		思想品德修养与法律基础	必修课
		毛泽东思想和中国特色社会主义理论体系概论	必修课
		形势与政策	必修课
		高等应用数学（或工程应用数学）	必修课
		英语（或实用英语）	必修课
		计算机应用基础	必修课
		体育（或体育与健康）	必修课
		就业指导与职业生涯设计（或就业指导与职业生涯规划）	必修课
		创新创业基础	必修课
专业课程	专业基础课程	管理学	必修课
		运输经济学	必修课
		城市轨道交通车辆	必修课
	专业核心课程	城市轨道交通行车组织 *	必修课
		城市轨道交通客运组织 *	必修课

续上表

课程模块		课程名称	课程性质
专业课程	专业核心课程	城市轨道交通运输设备	必修课
		城市轨道交通运营安全管理	必修课
		城市轨道交通客运服务 *	必修课
		城市轨道交通技术管理规章	必修课
		城市轨道交通车站管理实务	必修课
		顶岗实习	必修课
	铁路运输专业方向课程	铁路货运组织	限选课
		铁路站场与枢纽	限选课
		高速铁路概论	限选课
	道路运输专业方向课程	城市公共交通运营管理	限选课
		现代汽车站务管理	限选课

注："＊"表示高本衔接课程。

（二）本科学段课程结构

高本衔接城市轨道交通运营管理专业本科学段课程结构如表 1－20 所示。

表 1－20　本科学段课程结构

课程模块		课程名称	课程性质
专业课程	学科基础课程	城市轨道交通专业英语	必修课
		牵引计算与仿真	必修课
		运筹学	必修课
	专业主干课程	轨道交通安全工程	必修课
		轨道交通行车组织 *	必修课
		轨道交通运营调度指挥	必修课
		轨道交通技术管理规章 *	必修课
		轨道交通规划与设计	必修课
		轨道交通通信信号系统	必修课
		毕业论文（设计）	必修课
		毕业实习	必修课

续上表

课程模块		课程名称	课程性质
专业课程	专业拓展课程	现代物流	限选课
		电子商务	限选课
		国际集装箱与多式联运	限选课

注：“＊”表示高本衔接课程。本科的公共基础课程以任选课的方式开设。

九、课程内容及要求

（一）高职学段课程内容及要求

1．公共基础课程

高职学段公共基础课程主要教学内容及要求如表 1－21 所示。

表 1－21 高职学段公共基础课程主要教学内容及要求

序号	课程名称	主要教学内容和要求	参考学时
1	思想品德修养与法律基础	本课程是高校大学生进行思想道德和法制观念教育的必修课，通过该课程的理论学习和实践体验，帮助大学生形成正确的理想信念，弘扬爱国主义精神，确立正确的人生观和价值观，加强思想品德修养，增强学法、守法、用法的自觉性，全面提高思想道德素质和法律素质，使之成为品学兼优的社会主义现代化建设应用型人才	72
2	毛泽东思想和中国特色社会主义理论体系概论	本课程主要对学生进行中国特色社会主义理论与实践教育，使学生能够正确地理解和掌握毛泽东思想、中国特色社会主义理论的科学体系、精神实质和立场、观点、方法，树立建设中国特色社会主义的坚定信念，培养运用马克思主义的立场、观点和方法分析和解决问题的能力，增强执行党的基本路线和基本纲领的自觉性和坚定性，积极投身全面建设小康社会的伟大实践	72
3	形势与政策	本课程通过使学生了解国际、国内形势，全面正确认识党和国家面临的形势和任务，正确认识世情、国情、党情，正确理解并拥护党的路线、方针和政策；增强学生的爱国主义责任感和使命感，不断提高学生的爱国主义和社会主义觉悟；增强实现改革开放和社会主义现代化建设宏伟目标的信心和社会责任感，提高当代大学生投身于国家经济建设事业的自觉性，使其端正态度，明确自身的人生定位和奋斗目标	36

续上表

序号	课程名称	主要教学内容和要求	参考学时
4	高等应用数学（或工程应用数学）	通过本课程各个环节的教学，使学生获得必需的数学知识，逐步培养学生的抽象思维能力、逻辑推理能力、空间想象能力和自学能力。主要内容包括函数、极限、连续、一元函数微分学、一元函数积分学、向量代数与空间解析几何学、多元函数微分学、多元函数积分学、无穷级数与常微分方程等，为学习后续课程和进一步获得数学知识奠定必要的基础	72
5	英语（或实用英语）	本课程以培养学生实际应用英语的能力为目标，侧重职场环境下语言交际能力的培养，使学生逐步提高用英语进行交流与沟通的能力。同时，使学生掌握有效的学习方法和策略，培养学生的学习兴趣和自主学习能力，提高学生的综合文化素养和跨文化交际意识，为提升学生的就业竞争力及为未来的可持续发展打下必要的基础	144
6	计算机应用基础	在中职计算机应用基础课程基础上，进一步学习计算机、计算机网络、信息安全等方面的基础知识和办公软件高级应用，学习多媒体基础知识及使用、网页基础知识及使用。通过学习，提高计算机应用综合素养和办公软件高级应用技能，具有简单处理图像、声音、视频等多媒体的能力及简单的静态网页制作与发布能力	54
7	体育（或体育与健康）	本课程的目标是全面锻炼学生的身体，使学生增强体质，掌握体育基本知识、技术、技能，培养终身体育锻炼的能力和习惯。通过本课程的学习和训练，使学生了解体育锻炼的原则与方法、常见运动损伤的预防与处理，具有一定的体育文化欣赏能力；掌握两项以上体育运动项目的基本知识、技术、技能；增强体质，促进身心健康，培养吃苦耐劳、勇敢顽强的意志品质；养成终身体育锻炼的能力和习惯，达到健康体质测试合格标准	72
8	就业指导与职业生涯设计（或就业指导与职业生涯规划）	本课程是关于职业启蒙、职业目标、职业意识、求职技巧和创业准备的应用型课程，教学目的是培养学生的社会能力和方法技能，提高其可雇用能力。让学生理解职业与成才的关系，理解职业生涯设计的意义和基本内容；让学生学会认识自己和社会，初步完成职业生涯设计；让学生初步形成职业意识，学会初到企业的通用行为规范，学会处理企业中的人际关系；让学生掌握求职申请和面试的基本技巧	36

续上表

序号	课程名称	主要教学内容和要求	参考学时
9	创新创业基础	本课程是创新创业梯级课程体系的基础启蒙课程，主要任务是培养学生创新精神与创业意识，教授学生创业知识，锻炼创业能力。以创业者素质要求→评估创业机会→创建企业→创业过程管理→创业企业发展为主线，通过本课程学习，学生可以掌握开展创业活动所需要的基本知识，认知创业的基本内涵和创业活动的特殊性，辩证地认识和分析创业机会、创业资源、创业计划和创业项目；培养必要的诚信力、决策力、管理力、创建力和社交力等素质，掌握创业资源整合与创业计划撰写的方法，熟悉新创企业的开办流程与管理，提高创办和管理企业的综合素质和能力；树立科学的创业观，主动适应国家经济社会发展和个体的全面发展需求，正确理解创新创业与职业生涯发展的关系，自觉遵循创新创业规律，积极投身创新创业实践	36

2. 专业基础课程

高职学段专业基础课程主要教学内容及要求如表 1 – 22 所示。

表 1 – 22 高职学段专业基础课程主要教学内容要求

序号	课程名称	对接职业能力	主要教学内容和要求	参考学时
1	管理学	18 – 01、18 – 02、18 – 03、19 – 01、19 – 02、19 – 03、26 – 01、26 – 03、26 – 05、26 – 06、26 – 08、26 – 10	主要教学内容：包括计划、组织、领导、沟通、决策、企业文化等管理职能的基本内容 要求：通过学习和训练，使学生掌握管理学的基础理论与应用技能	72
2	运输经济学	18 – 02 – 02、18 – 02 – 04、20 – 01 – 01、20 – 01 – 02、21 – 01 – 07、26 – 03 – 01、26 – 06 – 01、26 – 06 – 02、26 – 07 – 03	主要教学内容：运输需求；客运需求；货运需求；城市交通需求；运输供给；运输价格；运输成本；运输市场和投资项目估算 要求：能够运用运输经济学的基本原理对不同的经济活动进行经济分析	72
3	城市轨道交通车辆	学科课程	主要教学内容：城市轨道交通车辆的基本概况；车体与车门；车体连接装置；转向架；城市轨道交通车辆动力学与强度 要求：熟悉车辆构造、功能、常见故障、列车驾驶模式	72

注：(1)“对接职业能力”栏目下的职业能力编码，与本书“附录 1. 轨道交通运营管理专业职业能力分析表”中的编码对应，学科课程除外。(2)“ * ”表示高本衔接课程。

3. **专业核心课程**

高职学段专业核心课程主要教学内容及要求如表1－23所示。

表1－23　高职学段专业核心课程主要教学内容及要求

序号	课程名称	对接职业能力	主要教学内容和要求	参考学时
1	城市轨道交通行车组织*	11－02－01、11－02－02、11－02－03、11－02－04、11－02－05、11－02－06、11－02－07、11－02－08、12－01－02、12－02－10、12－02－11、13－01－01、13－01－02、13－01－03、13－02－01、13－02－02、13－02－03、13－03－01、	主要教学内容：行车设备监控；CCTV监控；运营前行车设备状态检查；列车运行情况监控；车站客流变化监控；设备运行状态监控；运行图执行监控；全线列车位置监控；运营时刻表；手摇道岔操作；消防环控操作；IBP操作；车站联锁设备操作；信号控制系统操作；组织运营前供电检查；组织运营前信号设备测试；运营线路出清确认；特殊情况下的信号显示 要求：能够监控行车设备、CCTV，检查运营前行车设备状态，监控列车运行情况、车站客流变化、设备运行状态、运行图执行、全线列车位置，读懂和运用运营时刻表，熟练操作手摇道岔、消防环控、IBP、车站联锁设备、信号控制系统，组织运营前供电检查、信号设备测试，确认运营线路出清，掌握特殊情况下的信号显示	72
2	城市轨道交通客运组织*	04－01、04－02、04－03、05－01、05－02、05－03、05－04、06－01、06－02、06－03、09－02、09－03、09－04、10－01、10－02	主要教学内容：车站设备；日常客流组织与引导；大客流组织；票务业务处理；票务安全管理；票务业务运作；客运事故处理 要求：掌握城市轨道交通客运组织技能与技巧，熟知规章规范，学会操作车站机电设备与票务设备，学会票务安全管理和票务业务运作	72
3	城市轨道交通运输设备	02－03－04、07－01－01、07－01－03、07－02－03、08－02、09－01－01、09－02－02、09－04、11－01－04、11－01－06、12－02－04、13－02－01、14－01、15－01、15－04－13、15－04－14	主要教学内容：城市轨道交通线路、轨道；城市轨道交通车站、车辆段、信号设备、车站机电设备等 要求：掌握运输设备的工作原理、日常使用和操作，以及简单的故障维护	72

续上表

序号	课程名称	对接职业能力	主要教学内容和要求	参考学时
4	城市轨道交通运营安全管理	02－03－04、02－03－05、08－01－01、09－03－01、09－03－02、09－03－03、09－03－04、09－03－05、09－03－06、09－04－01、09－04－08、09－04－09、11－01－09、11－01－11、14－02－03、14－02－04、14－02－05、15－03－11、15－03－16、15－03－17、15－04－06、15－04－07、15－04－09、15－04－10、15－04－11、15－04－13、15－04－14、15－04－15、15－05－15、15－05－16、16－01－01、16－01－02、16－01－03、16－01－09、16－01－10、16－02－01、16－02－02、16－02－03、16－02－04、16－02－05、16－02－06、16－02－07、16－02－08	主要教学内容：城市轨道交通危险源识别与控制；城市轨道交通运营安全事故分析；城市轨道交通运营安全基础理论与常用方法；城市轨道交通安全管理方法与规章制度；城市轨道交通运营安全评价；城市轨道交通应急管理 要求：能够识别城市轨道交通企业危险源，开展安全事故调查和分析，制订应急管理预案等	72
5	城市轨道交通客运服务＊	01－01－01、01－01－02、01－01－03、01－01－04、01－02－02、01－02－03、01－02－06、01－02－07、01－02－08、02－01、02－03－01、02－03－02、20－03－03、02－03－04、02－03－05、02－05－03、10－01、10－02、15－03、15－04、15－05－01、15－05－10、15－05－13	主要教学内容：客运服务形象塑造；服务沟通；乘客事务处理；应急服务；客伤处理；媒体应对 要求：掌握城市轨道交通车站客运服务技巧与要求，熟知规章规范，掌握正确客运服务要求，学会与乘客沟通的技巧以及乘客事务处理、客伤处理、媒体应对、应急服务方法	36

续上表

序号	课程名称	对接职业能力	主要教学内容和要求	参考学时
6	城市轨道交通技术管理规章	02－04－03、02－05－01、02－05－02、02－05－03、04－03、05－03－01、05－03－02、06－01－01、07－02－09、08－02－01、08－02－02、08－02－03、08－02－04、09－04－01、09－04－08、11－01－08、12－02－10、12－02－11、14－02－01、14－02－02、14－02－03、14－02－04、14－02－05、15－01－06、15－01－07、15－01－08、15－03－04、15－03－05、15－03－11、15－03－16、15－03－17、15－04－12、15－05－02、15－05－03、15－05－04、15－05－05、15－05－06、15－05－07、15－05－15、15－05－16、17－01－01、17－02、17－03、17－04－01、17－04－02	主要教学内容：城市轨道交通调度组织管理；城市轨道交通乘务组织管理；城市轨道交通站务组织管理；城市轨道交通车站主要设备操作维护管理；城市轨道交通其他主要设备操作维护管理；城市轨道交通安全管理规则；城市轨道交通事故处理规则 要求：能够运用技术管理规章指导实际工作，熟悉各项规章制度的具体要求	72
7	城市轨道交通车站管理实务	02－05、05－03、06－01、06－02－03、06－03、08－02、09－04、11－01、12－01－02、13－01、13－02、14－01、15－01－13、15－02－01、15－03、15－04、15－05、16－01、16－02、17－01－01、17－02、17－03、17－04	主要教学内容：城市轨道交通车站基础管理工作，包括日常行车、客运业务；安全检查；行政管理、班组管理等 要求：能够管理车站运营班组，熟悉车站日常工作业务；能够处理车站突发事件	72

续上表

序号	课程名称	对接职业能力	主要教学内容和要求	参考学时
8	项目实习	01～26	主要教学内容：在地铁车站进行站务岗位的跟岗实习；围绕客运服务、乘客事务处理等工作内容开展实习 要求：掌握客运服务技巧；掌握客流组织的方法；具备乘客事务处理的能力	500

注：(1)“对接职业能力”栏目下的职业能力编码，与本书“附录1. 轨道交通运营管理专业职业能力分析表”中的编码对应，学科课程除外。(2)“＊”表示高本衔接课程。

4. 铁路运输专业方向课程

高职学段铁路运输专业方向课程主要教学内容及要求如表1－24所示。

表1－24 高职学段铁路运输专业方向课程主要教学内容及要求

序号	课程名称	对接职业能力	主要教学内容和要求	参考学时
1	铁路货运组织	18－01、18－02	主要教学内容：铁路货物运输组织原理及货物运输计划；铁路货物运输基本作业；货运设备及货场管理；零担货物和集装运输；阔大货物运输；危险货物运输 要求：掌握铁路货运作业流程；制订货运作业计划；正确对货物进行装卸	72
2	铁路站场与枢纽	25－02、25－03	主要教学内容：铁路系统概述；线网规划；选线设计；车站功能设计；站场设计；车站配线 要求：能够对轨道交通线路进行规划；能够对车站、线路进行设计	72
3	高速铁路概论	20－03、25－01	主要教学内容：高速铁路工程项目的前期工作，轨道结构、线路、区间结构、供电系统、车站、车辆段、环控系统、防灾系统、售检票系统等高速铁路固定设施子系统；移动设施子系统——车辆；列车运行自动控制子系统；运营管理 要求：熟悉高速铁路的各组成部分的特征和运作	36

注：“对接职业能力”栏目下的职业能力编码，与本书“附录1. 轨道交通运营管理专业职业能力分析表”中的编码对应，学科课程除外。

5. 道路运输专业方向课程

高职学段道路运输专业方向课程主要教学内容及要求如表1－25所示。

表 1－25　高职学段道路运输专业方向课程主要教学内容及要求

序号	课程名称	对接职业能力	主要教学内容和要求	参考学时
1	城市公共交通运营管理	26－06、26－07	主要教学内容：城市交通发展模式；公共汽车和电车客运系统；公共出租汽车客运系统；城市轨道交通客运系统；城市公交从业人员素质与职业道德；智能交通管理 要求：熟悉城市公共交通各系统的特点、运营模式	72
2	现代汽车站务管理	07－02、09－03－01～09－03－06、17－01－01～17－01－11	主要教学内容：汽车运输质量与效率、汽车站务作业的作业程序及内容、汽车客运运价、汽车客运调度、汽车旅客运输统计、汽车客运服务规范化、高速公路客运管理等方面的相关理论知识 要求：掌握汽车客运站运作流程、公车站场的日常管理、汽车运输调度相关技能	72

注："对接职业能力"栏目下的职业能力编码，与本书"附录 1. 轨道交通运营管理专业职业能力分析表"中的编码对应，学科课程除外。

（二）本科学段课程内容及要求

1. 学科基础课程

本科学段学科基础课程主要教学内容及要求如表 1－26 所示。

表 1－26　本科学段学科基础课程主要教学内容及要求

序号	课程名称	对接职业能力	主要教学内容和要求	参考学时
1	城市轨道交通专业英语	01－01－02、01－02－02、01－02－06、01－02－08、02－03－01、26－09	主要教学内容：站务、客运服务等方面的交通基础知识英语表达；城市轨道交通车辆和控制系统方面的英语基本知识，主要讲解了 ATO，ATP，ATC 等知识；城市轨道交通供电和电气设备、各种供电方法及其构成等方面的英语基础知识 要求：能读懂轨道交通专业科技论文和操作说明书；能够用英语表达客运服务和设备使用中的常见用语	32
2	牵引计算与仿真	11－02、13－02－02、14－01－03、14－01－07、19－03－01、23－02－03、24－04、25－01、25－02	主要教学内容：机车牵引力、列车运行阻力和制动力的产生及其在运用中的变化规律，机车牵引力的计算标准，列车运行阻力和制动力计算，列车运行时分和列车制动问题的计算，牵引重量的计算和验算及牵引定数的制定，机车能耗的计算，以及如何使用电子计算机进行上述计算，等等 要求：理解机车牵引力、列车运行阻力和制动力的产生及其在运用中的变化规律，掌握列车牵引力的计算和计算机仿真	32

续上表

序号	课程名称	对接职业能力	主要教学内容和要求	参考学时
3	运筹学	26－04－02、26－04－04、26－10－03	主要教学内容：线性规划、运输问题、动态规划、图与网络模型、决策论等 要求：掌握运筹学相关理论方法，能建立相关运筹学模型	32

2. 专业主干课程

本科学段专业主干课程主要教学内容及要求如表1－27所示。

表1－27 本科学段专业主干课程主要教学内容及要求

序号	课程名称	对接职业能力	主要教学内容和要求	参考学时
1	轨道交通安全工程	10－01－01、10－01－02、10－01－03、10－01－04、10－02－01、10－02－02、10－02－03、10－02－04、11－02、15－01－01、15－01－02、15－01－03、15－01－04、15－01－05、15－01－11、15－01－12、15－04－01、15－04－02、15－04－03、15－04－04、15－04－05、16－01	主要教学内容：安全基本理论、安全评价、风险分析、事故防范、反恐、消防安全等城市轨道交通运营安全中涉及的基本理论与方法 要求：能够运用安全工程理论进行安全评价、分析和事故防范	48
2	轨道交通行车组织*	12－01－01、12－01－03、12－02－01、12－02－02、12－02－03、12－02－04、12－02－05、12－02－06、12－02－07、12－02－08、12－02－09、13－02－04、13－03－02	主要教学内容：行规等安全生产规章、行车日志、调度命令登记簿；轨道电路故障、信号显示故障、列车故障、多区间断电、联锁设备故障、隧道进水、ATS故障、ATP故障、ATO故障等情况下的行车组织；CCTV/LCP/LCW监控列车运行及生产设备运作状态；行车信号规则的检查、考评与改进 要求：掌握行规等安全生产规章，能够填写行车日志、调度命令登记簿，能够组织列车在轨道电路故障、信号显示故障、列车故障、多区间断电、联锁设备故障、隧道进水、ATS故障、ATP故障、ATO故障等情况下运行，能够通过CCTV/LCP/LCW监控列车运行及生产设备运作状态，能够检查、考评与改进行车信号规则	48

续上表

序号	课程名称	对接职业能力	主要教学内容和要求	参考学时
3	轨道交通运营调度指挥	14－01、14－02	主要教学内容：调度电话使用；列车运营前检查、运营中的监视和调度；ATS 调度系统使用；无线广播使用；口头调度命令发布；列车运行图手工绘制；书面调度命令填写；列车晚点时的列车运行调整；列车早点情况下的组织；扣车的使用；提前发车的使用；加班列车运行；客流组织与行车联动；行车信息发布；调车作业计划制订；现场调车指挥；调车作业进路排列；工程车运行指挥；列车调试安排 要求：能够使用调度电话，进行列车运营前检查、运营中的监视和调度；能够使用 ATS 调度系统、无线广播，发布口头调度命令，手工绘制列车运行图，填写书面调度命令；能够组织列车晚点、早点时的运行调整，扣车，提前发车，组织运行加班列车，进行客流组织与行车联动，发布行车信息，制订调车作业计划，指挥现场调车，排列调车作业进路，指挥工程车运行，安排列车调试	32
4	轨道交通技术管理规章＊	05－02－01、11－02、12－01－01、12－01－03、12－02、13－02－04、13－03－02、14－01、15－05、17－01、18－01－02、18－01－03、18－02、18－03、19－01、19－02、19－03、25－02	主要教学内容：学习铁路调度组织管理、铁路乘务组织管理、铁路站务组织管理、铁路车辆运用与检修管理、车站主要设备操作维护管理、安全管理规则与事故处理规则 要求：掌握铁路行车、站务管理、车辆检修、设备管理等规章制度	32
5	轨道交通规划与设计	09－02、09－03、14－01、20－01、20－02、20－03、21－01、21－02、22－01、23－01、23－02、23－03、24－01、24－02、24－03、24－04、25－01、25－02、25－03	主要教学内容：轨道交通需求预测、轨道交通路网设计、轨道交通线路设计、轨道交通车站设计、轨道交通车辆基地设计、轨道交通运营组织与线网、线路设计的关系 要求：能够运用交通规划的理论对一个城市的交通进行规划，并形成规划方案	48

续上表

序号	课程名称	对接职业能力	主要教学内容和要求	参考学时
6	轨道交通通信信号系统	11-02-02、12-02、13-01、13-02、13-03、14-01、14-02、15-01-03、15-01-07、15-01-08、15-01-09、15-04-15、15-05-09、17-02-13、17-02-14、17-02-15、17-02-16、20-03-03	主要教学内容：介绍轨道交通通信系统（包括传输子系统、公用电话子系统、专用电话子系统、无线集群子系统、广播子系统、时钟子系统、闭路监视子系统、乘客向导子系统、电源及接地子系统）和信号系统（包括信号基础设备如信号继电器、信号机、轨道电路、计轴系统、应答器、转辙机等）计算机联锁系统、区间闭塞系统、ATC 系统（列车自动控制系统） 要求：掌握信号显示故障、轨道电路故障、道岔故障、联锁设备故障、ATO（列车自动驾驶系统）故障、ATP（列车自动防护系统）故障、ATS（列车自动监控系统）故障等情况下的行车组织；熟练操作 IBP（综合后备盘）、车站联锁设备和信号控制系统；通过 CCTV 视频监控系统进行列车及生产设备运行监控；正确使用 PA（扩声公共广播系统）广播系统和调度电话进行广播和行车调度；使用无线集群系统进行运营协作、应急处理；掌握 PIDS（乘客信息显示系统）信息发布	32
7	毕业论文（设计）	01~26	主要教学内容：能够对轨道交通行车组织方式、开行方案进行设计；能够优化运营组织流程 要求：能够参与轨道交通规划设计，能够根据客流参数进行行车方案设计、优化	500
8	毕业实习	21-01-01、21-01-02、21-01-03、21-01-04、21-01-05、21-01-06、21-01-07、22-01-01、22-01-02、22-02-01、22-03-01	主要教学内容：进行地铁规划设计，开展项目调研、资料分析、参数运算、线路绘图 要求：能够独立开展项目调查，能够收集资料并进行分析，初步提出线路规划方案	250

注：(1)“对接职业能力”栏目下的职业能力编码，与本书“附录1. 轨道交通运营管理专业职业能力分析表”中的编码对应，学科课程除外。(2)“*”表示高本衔接课程。

3．**专业拓展课程**

本科学段专业拓展课程主要教学内容及要求如表 1－28 所示。

表 1－28　本科学段专业拓展课程主要教学内容及要求

序号	课程名称	对接职业能力	主要教学内容和要求	参考学时
1	现代物流	20－01－02、26－03－01、26－04－04、26－04－05	主要教学内容：物流与供应链管理的一般知识体系；采购管理、运输管理、仓储管理、库存管理、配送管理、物流管理的客户服务；物流信息技术和物流绩效评价；逆向物流和国际物流 要求：掌握物流企业运作，熟悉物流各环节工作流程，能开展物流绩效评价	64
2	电子商务	26－01－07、26－02－05、26－03－05、26－04－01	主要教学内容：电子商务概述、零售业电子商务、互联网顾客和市场的研究、广告业电子商务、服务业电子商务、B2B 电子商务、电子商务基础设施、电子商务应用技术、电子商务安全技术、电子支付系统 要求：熟悉电子商务行业特点，理解服务业和 B2B 电子商务的运作流程	48
3	国际集装箱与多式联运	26－02－05、26－04－05、26－05－01、26－07－01、26－07－02	主要教学内容：集装箱运输发展概况、集装箱及其箱务管理、集装箱货物及其组织、集装箱船舶及营运管理、集装箱运输节点管理、集装箱海运提单、集装箱班轮货运业务、国际集装箱运费计算、国际多式联运、大陆桥运输、国际集装箱货物运输相关法规、国际集装箱多式联运责任与保险、危险货物集装箱运输 要求：掌握国际集装箱货运及组织流程，熟悉货运班轮业务和多式联运运作	64

注："对接职业能力"栏目下的职业能力编码，与本书"附录 1．轨道交通运营管理专业职业能力分析表"中的编码对应。

十、教学安排

（一）高职学段教学安排

高职学段课程教学安排如表 1－29 所示。

表 1-29 高职学段课程教学安排

课程类别		课程名称	学分	总学时	各学期周数、学时分配					
					1	2	3	4	5	6
					18 周	18 周	18 周	18 周	18 周	18 周
公共基础课程	必修课	思想品德修养与法律基础	4	72	2	2				
		毛泽东思想和中国特色社会主义理论体系概论	4	72			4			
		形势与政策	2	36	1	1				
		高等应用数学（或工程应用数学）	4	72	4					
		英语（或实用英语）	8	144	4	4				
		计算机应用基础	4	72		4				
		体育（或体育与健康）	4	72	2	2				
		就业指导与职业生涯设计（或就业指导与职业生涯规划）	2	36	1		1			
		创新创业基础	2	36	2					
		已安排课程小计	34	612	16	13	5	0	0	0
		……	…	…	…	…	…	…	…	…
		小计		650						
专业课程	专业基础课程	管理学	4	72	4					
		运输经济学	4	72	4					
		城市轨道交通车辆	4	72		4				
	专业核心课程	城市轨道交通行车组织 *	4	72		4				
		城市轨道交通客运组织 *	4	72			4			
		城市轨道交通运输设备	4	72			4			
		城市轨道交通运营安全管理	4	72			4			
		城市轨道交通客运服务 *	4	72				4		
		城市轨道交通技术管理规章	2	36				2		
		城市轨道交通车站管理实务	4	72				4		
		项目实习	18	500						26

续上表

课程类别		课程名称	学分	总学时	各学期周数、学时分配					
					1	2	3	4	5	6
					18 周	18 周	18 周	18 周	18 周	18 周
专业课程		已安排课程小计	56	1 184	8	8	12	10	0	26
		……	…	…	…	…	…	…	…	…
		小计		1 200						
	铁路运输专业方向课程	铁路货运组织	4	72					4	
		铁路站场与枢纽	4	72					4	
		高速铁路概论	2	36					2	
		已安排课程小计	10	180	0	0	0	0	10	0
		……	…	…	…	…	…	…	…	…
		小计		400						
	道路运输专业方向课程	城市公共交通运营管理	4	72					4	
		现代汽车站务管理	4	72					4	
		已安排课程小计	8	144	0	0	0	0	8	0
		……	…	…	…	…	…	…	…	…
		小计		400						
已安排课程合计			100/98	1 976/1 940	24	21	17	10	10/8	26
任选课		……		300 ~ 500						
合计			≥120	2 500 ~ 2 700	22 ~ 26	22 ~ 26	22 ~ 26	22 ~ 26	22 ~ 26	26

注：(1) 高职学段总学时数为 2 500 ~ 2 700 学时，专业基础课程和专业核心课程占 1 200 学时，专业方向课程占 400 学时。(2)“ * ”表示高本衔接课程。(3)“项目实习”由高职、本科对口院校共同商讨实习内容、形式和时间，包括项目工厂实习、工作室实习等多种形式，原则上安排在第六学期进行。(4)“……”表示由各院校自行安排的必修课程、选修课程。(5) 原则上每 18 学时换算 1 学分。(6) 总学分不低于 120，含军训及入学教育、社会实践、毕业教育等活动的学分。(7)“已安排课程合计”是公共基础课程、专业基础课程、专业核心课程和其中一个方向课程的合计，不是公共基础课程和所有专业课程的合计。

（二）本科学段教学安排

本科学段课程教学安排如表 1－30 所示。

表 1－30 本科学段课程教学安排

课程类别			课程名称	学分	总学时	各学期周数、学时分配			
						1	2	3	4
						16 周	16 周	16 周	16 周
公共基础课程	必修课	学科基础课程	城市轨道交通专业英语	2	32	2			
			牵引计算与仿真	2	32	2			
			运筹学	2	32	2			
		专业主干课程	轨道交通安全工程	3	48	3			
			轨道交通行车组织＊	3	48		3		
			轨道交通运营调度指挥	2	32		2		
			轨道交通技术管理规章＊	2	32		2		
			轨道交通规划与设计	3	48		3		
			轨道交通通信信号系统	2	32		2		
			毕业论文（设计）	8～10	500				10
			毕业实习	10					10
			已安排课程小计	39～41	836	9	12	0	20
			……	…	…	…	…	…	…
	小计				830～850				
	专业拓展课程（限选课）		现代物流	4	64			4	
			电子商务	3	48			3	
			国际集装箱与多式联运	4	64			4	
			已安排课程小计	11	176	0	0	11	0
			……	…	…				
			小计		150～180				
已安排课程合计				50～52	1 012	9	12	11	20
任选课			……		240～300				
合计				≥75	1 200～1 500	22～26	22～26	22～26	22～26

注：（1）本科学段总学时数为 1 200～1 500 学时，学科基础课程和专业骨干课程占 830～850 学时，专业拓展课程占 150～180 学时。（2）“＊”表示高本衔接课程。（3）毕业实习、毕业论文（设计），原则上安排在第四学期进行。（4）原则上每 16 学时换算 1 学分。（5）总学分不少于 75。（6）“……”表示由各院校自行安排的必修课程、选修课程。

十一、教学基本条件

（一）师资条件

1. **高职学段**

（1）专业教师任职资格。

①具有交通运输规划与管理专业或相关专业硕士以上学位。②具有高等职业学校教师资格证书。③具有城市轨道交通运营管理专业中级及以上职业资格证书或相应技术职称。④熟悉高职教育规律，具有良好的思想品德修养，遵守职业道德，为人师表；热爱关心学生。⑤熟悉城市轨道交通运输管理专业的专业知识和相关理论，并具有一定的课程开发能力，能遵循高等职业教育教学规律进行课程设计、教学组织、教学实施和评价工作。⑥熟悉轨道交通行业的现状和发展趋势，熟悉轨道交通运营企业生产现状，能及时将企业新技术、新工艺、新知识等资源纳入课程教学。

（2）专业教学团队要求。

①有 1 ~2 名专业带头人，其中 1 人为来自企业的工程技术人员或专家。②每门课程都由讲师及具有以上职称的教师担任课程负责人。③专业教师的数量和结构能满足专业办学规模，其中实践教学中来自企业一线的兼职教师占专业教师总数的 50% 以上。

2. **本科学段**

（1）专业教师任职资格。

①具有交通运输规划与管理专业或相关专业博士以上学位，或具有副高以上技术职称。②具有高等学校教师资格证书。③具有良好的思想品德修养，遵守职业道德，为人师表；热爱关心学生。④熟悉轨道交通运营管理专业的专业知识和相关理论，并具有一定的课程开发能力，能遵循本科教育教学规律进行课程设计、教学组织、教学实施和评价工作。⑤具备较强的科研能力，能够承担轨道交通相关的横向、纵向课题。

（2）专业教学团队要求。

①有 1 ~2 名专业带头人，专业带头人需具有高级职称，承担省部级以上科研项目。②每门课程都由讲师及以上职称的教师担任课程负责人。③专业教师的数量和结构能满足专业办学规模。

（二）实训实习条件

本专业应配备校内实训实习室和校外实训基地。

1. **校内实训室**

校内实训实习必须具备服务礼仪实训室、行车调度实训室及票务系统、车站设备等实训室，主要设施设备及数量如表 1 – 31 所示。

表 1－31 校内实训室主要设施设备

序号	学段	实训室名称	主要工具和设施设备		
			名 称	规 格	数量（生均台/套）
1	高职	室外轨道实训室	室外轨道线路	80 m	1
			室外转辙机	台	2
			信号机	台	3
			信号设备	套	2
2	高职	行车调度实训系统	行车调度仿真实训软件	套	1
3	高职	车站运营管理综合实训室	人工售票系统	套	1
			车站 IBP 盘实训系统	套	1
			屏蔽门实训系统	套	1
4	本科	轨道交通行车指挥实训室	列车运行图编制分析软件	套	1
			列车运行监控系统	套	1
			12 m^2 大型拼接屏	个	1
5	本科	轨道交通综合实训中心	室外轨道	条	1
			机车车辆	台	1
			信号系统	套	1
6	本科	车站管理综合实训中心	模拟地铁车站	套	1
			车站机电实训系统	套	1

2. **校外实训基地**

（1）校外实训基地的数量应在 4 个以上。

（2）校外实训基地应保持 3 年以上相对稳定。

（3）校外实训基地应能提供专业学习所需要的实习场所与条件，专业基本对口。

（4）学校应与提供校外实训基地的企业签订合作协议，保障学生安全和基本权益。

（5）校外实训基地应方便学生实习、实训，离学校距离近，交通方便。

十二、教学实施建议

（一）教学要求

1. **公共基础课程**

公共基础课程教学要符合教育部有关教育教学基本要求，按照培养学生基本科学文化素养、服务学生专业学习和终身发展的功能来定位，重在教学方法、教学组织形式的改革，教学手段、教学模式的创新，调动学生学习积极性，为学生综合素质的提高、职业能力的形成和可持续发展奠定基础。

2. 高职专业基础课程

专业基础课程教学建议采用项目教学、案例教学、情境教学等方法，创新课堂教学。

3. 高职专业核心课程

专业核心课程教学，按照相应职业岗位（群）的能力要求，强调理论—实践—多媒体一体化教学，突出“做中学、做中教”的职教特色，实训课时与理论课时之比不低于1∶1。建议采用任务驱动、角色扮演、行动导向教学、引导文教学等教学方法。

4. 本科学科基础课程

学科基础课程建议以学生为中心，采取案例讨论、精讲精练、任务导向等教学方法，多发挥学生主观能动性。

5. 本科专业主干课程

专业主干课程建议采取项目式教学，即对课程全部教学内容重新整合，通过一个又一个的项目教学来完成课程教学任务；或者采取部分项目式教学，即对课程的原有教学内容按照其自身特性和教学需要进行分类设计和调整重组，部分内容仍由教师讲授为主，部分内容则通过项目教学以学生自主学习为主，通过这两者的有机结合来完成课程教学任务。

（二）教学评价

对学生的学业考评应体现评价主体、评价方式、评价过程的多元化，即教师评价、学生相互评价与自我评价相结合，有条件的学校可以聘请企业教师或第三方参与评价。专业课程的考核评价尽量减少理论考试方式，而应以实操考核、项目考核和过程考核为主。学习过程性评价与终结性评价相结合。评价内容应涵盖情感态度、岗位能力、职业行为、对知识点的掌握、技能的熟练程度、完成任务的质量等。

（三）教学管理

教学管理要更新观念，改变传统的教学管理方式。教学管理要有一定的规范性和灵活性，合理调配教师、实训室和实训场地等教学资源，为课程的实施创造条件；要加强对教学过程的质量监控，改革教学评价的标准和方法，促进教师教学能力的提升，保证教学质量。

（四）其他

本标准是对专业建设、教学改革的普适性要求，对专业建设、教学改革起指导作用。各院校所开办的相关专业应在此标准的基础上，结合本专业的实际情况，修订形成本校的专业人才培养方案、课程大纲，并实施教学。这些实际情况主要包括地方或者行业对学校专业的具体人才需求，学校专业建设、教学改革的实际进展状态以及学生、教师、实践教学环境、产学合作条件等方面。

十三、开发团队

（一）参与开发的行业技术专家团队

参与开发的行业技术专家团队如表1－32所示。

表1－32 参与开发的行业技术专家团队

序号	姓名	单 位	职称或职务
1	夏荷香	广州地铁集团有限公司	经理
2	徐 娟	广州地铁集团有限公司	站长
3	颜亚雄	广州地铁集团有限公司	工程师
4	宋嘉雯	广州地铁集团有限公司	工程师
5	唐 君	深圳市地铁集团有限公司	经理
6	庚新原	深圳市地铁集团有限公司	行车调度
7	郑雯珍	深圳市地铁集团有限公司	值班站长
8	李毅雄	东莞轨道交通有限公司	高级工程师
9	陆林泰	东莞轨道交通有限公司	值班站长
10	陈林盛	东莞轨道交通有限公司	站长
11	张耀章	东莞轨道交通有限公司	副总经理

（二）参与开发的学校教师团队

参与开发的学校教师团队如表1－33所示。

表1－33 参与开发的学校教师团队

序号	姓名	单 位	职称或职务
1	黎新华	广东交通职业技术学院	副教授
2	肖 蒙	五邑大学	副教授
3	李俊辉	广东交通职业技术学院	讲师
4	郑 锂	广东交通职业技术学院	讲师
5	李怀俊	广东交通职业技术学院	教授
6	吴璇华	广东交通职业技术学院	讲师
7	彭湘涛	广东交通职业技术学院	讲师
8	丛 丛	广东交通职业技术学院	讲师
9	吕秋霞	五邑大学	副教授

下　篇
中高职衔接城市轨道交通运营管理专业课程标准

中高职衔接中职学段：城市轨道交通客运服务礼仪课程标准

一、课程名称

城市轨道交通客运服务礼仪。

二、适用专业

既适用于中高职衔接的中职城市轨道交通运营管理专业，又适用于中职城市轨道交通运营管理专业。

三、课程性质

本课程是中高职衔接中职学段城市轨道交通运营管理专业针对站务员、客运值班员岗位开设的一门必修专业核心课程。其任务是使学生在掌握相关理论知识的基础上，掌握在城市轨道交通车站客运服务岗位的礼仪行为。在形式上打破传统的固定模式，满足“实际、实用、实效”的要求。

四、课程设计

本课程以值班员、值班站长岗位的综合素质能力的培养为线索，参照获得城市轨道交通站务员职业资格证书对知识、技能的要求，以工作任务为中心组织课程内容，将课程分为仪容仪表礼仪、仪态礼仪、服务语言技巧、服饰礼仪、乘客投诉处理和乘客事务处理共6个学习任务，通过课内理论教学、综合实训和企业现场实训等环节全面培养学生的职业能力。

五、课程教学目标

通过本课程的教学，要求学生掌握城市轨道交通车站客运服务礼仪技巧，熟知规章规范，掌握正确仪表、仪态、仪容及服饰要求，学会与乘客沟通的技巧以及乘客事务处理、乘客投诉处理的方法，并学以致用，培养真诚、友善、灵活、有原则地处理问题与解决问题的能力，锻炼真诚、优秀的沟通能力。

1. **知识目标**

（1）掌握地铁规范的服务语言。

（2）掌握标准服务手势。

（3）熟悉换乘线路图。

（4）掌握“易人、易地、易性”处理原则。

（5）掌握乘客走失、遗失物品的处理方法。.

（6）掌握处理乘客遗失储值票、现金的方法。

（7）掌握行包超限乘客事务的处理方法。

（8）掌握乘客遗失物品的处理方法。

（9）掌握乘客物品掉落轨道的处理方法。

（10）掌握乘客携带违禁品的处理方法。

（11）掌握执行人员服务的管理办法。

（12）了解乘客事务管理规定。

（13）掌握乘客意见卡的收集方法。

（14）掌握乘客投诉的接待方法。

（15）了解公交接驳备品的种类及使用方法。

（16）掌握拾物钳、绝缘棒、绝缘靴、绝缘手套等行车备品的使用方法。

（17）会进行乘客引导。

2. **能力目标**

（1）能按规定正确进行着装及配饰。

（2）能熟练使用规范的服务语言。

（3）能保持上岗精神面貌。

（4）能熟练掌握标准服务手势。

（5）能熟知车站内部、车站周边环境。

（6）能耐心解答乘客问题。

（7）能准确进行语言表达。

（8）能听懂乘客表达。

（9）能熟练、正确地进行指路。

（10）能主动向有需要的乘客询问是否需要帮助。

（11）能认真听取并记录乘客意见，及时上报。

（12）能熟练、灵活处理乘客投诉。

（13）能坚持“打不还手、骂不还口”原则。

（14）能进行乘客满意度调查。

（15）能掌握公交接驳的启动条件。

（16）能处理异物掉入轨行区事件。

(17) 能使用拾物钳、绝缘棒、绝缘靴、绝缘手套等行车备品。
(18) 能做好对乘客的解释及引导工作。
(19) 能处理乘客纠纷。
(20) 能纠正乘客的不文明行为。

3. **素质目标**

(1) 培养学生团队协作能力、人际协调能力。
(2) 培养良好的职业素质、优秀的沟通能力。
(3) 培养服务意识，真诚服务，微笑服务。
(4) 掌握"易人、易地、易性"服务原则。
(5) 树立规范、准确、认真负责的工作作风。

六、参考学时与学分

参考学时：108 学时。
参考学分：6 学分。

七、课程结构

城市轨道交通客运服务礼仪课程结构如表 2-1 所示。

表 2-1　城市轨道交通客运服务礼仪课程结构

序号	学习任务	职业能力	知识、技能、态度要求	教学活动设计	学时
1	仪容仪表礼仪	01-01-01、01-01-02、01-01-03	①城市轨道交通客运服务人员仪容与表情 ②客运服务岗位仪容要求 ③化妆技巧	任务 1：仪容礼仪 任务 2：微笑练习 任务 3：眼神练习 任务 4：化妆实操	18
2	仪态礼仪	01-01-04	①举止与体态要求 ②地铁客运服务手势 ③站台乘车五部曲 ④接车步骤	任务 1：服务仪态 任务 2：客运服务手势 任务 3：站台排队候车五部曲 任务 4：接发车手势	18
3	服务语言技巧	01-02-02、01-02-03、01-02-06、01-02-07、01-02-08	①沟通的基本要求 ②乘客服务语言标准 ③车站各岗位的服务语言技巧 ④特殊情况下的服务语言技巧	任务 1：客运服务语言标准 任务 2：乘客沟通技巧	16

续上表

序号	学习任务	职业能力	知识、技能、态度要求	教学活动设计	学时
4	服饰礼仪	01－01－01	①地铁客运工作人员制服要求及穿着 ②岗位人员配饰规范	任务1：客运服务穿着 任务2：客运服务人员配饰	8
5	乘客投诉处理	02－01－01、 02－01－02、 02－01－03、 02－01－05、 02－04－01、 02－04－04、 02－04－05、 02－05－01、 02－05－02	①乘客投诉处理技巧 ②乘客投诉时，遵循“易人、易地、易性”处理原则 ③乘客投诉的处理上报 ④了解媒体应对方式 ⑤了解乘客投诉接待方法	任务1：乘客投诉处理技巧 任务2：投诉案例分析 任务3：媒体应对	22
6	乘客事务处理	02－03－01、 02－03－02、 02－03－03、 02－03－04、 02－03－05、 02－05－03	①学会乘客物品遗失处理的方法 ②学会乘客物品掉入轨行区处理的方法 ③学会处理乘客违禁品 ④了解乘客满意度调查 ⑤了解乘客意见卡收集与汇总 ⑥学会行李超限处理的方法	任务1：乘客物品遗失 任务2：乘客物品掉入轨行区 任务3：违禁品处理 任务4：行李超限处理 任务5：乘客满意度调查与汇总	26
合　计					108

注：“职业能力”栏目下的职业能力编码与本书“附录1. 轨道交通运营管理专业职业能力分析表”中的编码对应。

八、资源开发与利用

（一）教材编写与使用

（1）教材编写必须依据本课程标准，教材应充分体现任务引领、实践导向的课程设计思想。

（2）教材应以城市轨道交通服务礼仪领域各项工作任务的需要，以及实际岗位的操作规程，并结合职业技能鉴定考证材料来组织编写；教材应体现以应用为目的，引入的理论知识以必需、够用为度，增加实践内容，强调理论在实践过程中的应用。

(3）教材应图文并茂，提高学生的学习兴趣。教材表达必须精练、准确、科学。教材中活动设计的内容要具体，并具有可操作性。

(4）教材内容应体现先进性、通用性、实用性，要将本专业新技术、新工艺、新材料及行业标准等内容及时地纳入教材，使教材更贴近本专业的发展和实际需要。

（二）数字化资源开发与利用

(1）注重该课程项目案例和多媒体教学资源的收集、整理及开发，丰富该课程教学资源。利用实物和多媒体教学资源创设形象生动的工作情境，激发学生对学习城市轨道交通客运服务礼仪的兴趣，促进学生对相关知识的理解掌握。

(2）搭建和利用网络教学平台，建立该课程的网络教学数据库，积极开发和利用网络课程资源，提高课程资源利用率，促进教学效果的不断提高。

(3）建立本专业开放式实训中心，使之具备现场教学、实训、职业技能证书考证的功能，实现教学与实训合一、教学与培训合一、教学与考证合一，满足对学生职业能力培养的要求。

(4）条件成熟时开展开放实验实训室活动，鼓励支持学生参加票务竞赛等活动。

九、教学建议

（一）教学方法

建议采取工学结合、理论教学与实践教学并重的方式开展教学活动。在教学过程中，注重采用现场教学、案例教学和多媒体辅助教学的教学方法。所用案例应充分考虑工学结合的需求，并与专业所依托行业相应岗位的工作实际紧密结合。通过多媒体课件的开发，充分积累课程资源，有效拓展课堂信息量，适当增加课程的趣味性，努力激发学生的学习兴趣和主动性，切实提高本课程的学习效果。在实践教学中，注重真案真做，实践内容与工作实际紧密结合，增强解决实际问题的能力，并增加对行业及岗位实际的认识。鼓励学生通过实践操作提高专业技能和个人素质。

（二）教学条件

1. 软硬件条件

(1）制作与教材配套的多媒体课件、微课视频。

(2）积极开发和利用网络课程资源。

(3）配置教学一体化实训室。

(4）具有两家以上地铁的校外企业实训基地供学生实训。

2. 师资条件

对任课教师的基本要求：

(1）职业能力要求：能够实际操作、演示示范相关实操内容。

(2）知识结构要求：精通城市轨道交通客运服务礼仪课程教学内容。

（3）需要有相关专业背景、独立的实训室管理经验。

十、教学评价

（1）改革传统的学生评价手段和方法，采用阶段评价、过程性评价与目标评价相结合，项目评价，理论与实践一体化评价的评价模式。

（2）关注评价的多元性，结合平时纪律、学习主动性、知识掌握情况、项目完成情况综合评定学生成绩。

（3）应注重学生分析问题、解决问题能力的考核，对在学习和应用上有创新的学生应予以特别鼓励，全面综合评价学生能力。该课程的学习成绩可考虑改用课程设计与答辩的方式来进行评定。

（撰稿人：丛 丛、李俊辉、王 玫）

中高职衔接中职学段：城市轨道交通客流组织课程标准

一、课程名称

城市轨道交通客流组织。

二、适用专业

既适用于中高职衔接的中职城市轨道交通运营管理专业，又适用于中职城市轨道交通运营管理专业。

三、课程性质

本课程是中高职衔接中职学段城市轨道交通运营管理专业针对站务员岗位开设的一门必修专业核心课程。其任务是使学生在掌握相关理论知识的基础上，掌握地铁车站技术设备、服务设备的使用及操作程序，以及日常客流、大客流的客流组织方法，车站票务作业及票务事务处理办法等，也为学习后续专业课程提供必要的预备知识。

四、课程设计

本课程以工作任务为中心组织课程内容，根据客运服务设备、车站设备、车站工作流程、客流监控与引导、大客流组织、客运事故处理共6个学习任务构建课程理论知识体系，从而培养和发展职业能力。课程结合中职对理论和实际技能培养的需要，注重实际项目训练，通过利用城市轨道交通车站实训设备、角色扮演等模拟工作情景，培养学生设备操作能力、客流组织能力和事故处理能力。

五、课程教学目标

通过本课程的教学，要求学生掌握城市轨道交通客流组织技能与技巧，熟知规章规范，学会操作车站机电设备与票务设备，学会票务安全管理和票务业务运作，并学以致用，培养严谨务实的处理问题与解决问题的能力，锻炼真诚、优秀的沟通能力。

1. **知识目标**

（1）会辨识安全关键点或危险源，例如扶梯、出入口、站厅、站台等。

（2）会使用各种设备钥匙，能妥善保管钥匙。

（3）会认知摆放警示牌的要求。

（4）会根据操作标准为乘客提供服务，及时帮助有困难乘客。

（5）多看、多问、多听、多巡视。

（6）会识别扶梯运作状态及故障代码查询。

（7）会进行危险品识别。

（8）会辨识大件物品（超长、超大、超重）。
（9）会使用安检设备及金属探测器等。
（10）会认知可疑物品或危险品，如易燃、易爆、有毒物品。
（11）会认知液压梯设备操作流程。
（12）会认知扶梯设备操作流程。
（13）会残疾人牵引梯设备操作流程。
（14）会设备的开启关闭。
（15）了解告示牌摆放，以及铁马、围栏等的摆放要求。
（16）会辨识闸机设备构造及操作流程。
（17）会辨识售票机操作构造及操作流程。
（18）会辨识自动充值机设备构造及操作流程。
（19）会辨识手持验票机设备构造及操作流程。
（20）会辨识导向引导标识状态。
（21）会进行广播服务状态。
（22）会监控消防设备。
（23）会认知监控及回馈乘客信息系统。
（24）会监控和汇报客流状态。
（25）会判断大客流的级别。
（26）会布置铁马、伸缩栏杆、围栏的摆放，熟知客流引导时的告示摆放。
（27）会与车控室进行联控和安抚乘客方法。
（28）了解客流关键点的引导。
（29）会操作一、二、三级客流控制。
（30）会线控客流引导，会接收控制命令。
（31）了解执行常态化客流组织情况下的客流组织方案。
（32）了解执行突发客流情况下的客流组织方案。
（33）掌握客流组织步骤。
（34）掌握常态化客流控制的方法。
（35）掌握大型活动客流组织方法。
（36）掌握节假日客流控制的方法。
（37）了解站控的使用条件。
（38）掌握线控方法。
（39）掌握配合做好客流网控方法。
（40）掌握单方向越站的车站客流组织方法。
（41）掌握客流特征分析方法。
（42）掌握环控（BAS 系统）应急模式运行操作方法。
（43）掌握照明系统控制方法。
（44）掌握通风系统操作方法。
（45）掌握车站温度、湿度控制方法。

(46) 会操作广播系统。
(47) 会使用消防水泵。
(48) 会操作消防（FAS 系统）（温感、烟感及报警按钮、复位等）。
(49) 会车站全方位监控（车站监控系统的操作及日常监控）。

2. **能力目标**

(1) 能掌握乘客动态。
(2) 能使用对讲机，及时汇报现场情况。
(3) 能挽留目击证人，保护自身安全。
(4) 能关注车站运营环境。
(5) 能做好乘客安抚解释工作。
(6) 能汇报流程。
(7) 能巡查状况及时汇报车控室。
(8) 能制止可疑物品或危险品进站乘车。
(9) 能进行闸机设备操作使用。
(10) 能进行售票机操作使用。
(11) 能操作自动充值机设备。
(12) 能操作手持验票机设备。
(13) 能辨识导向引导标识状态。
(14) 能进行广播服务状态。
(15) 能监控消防设备。
(16) 能认知监控及回馈乘客信息系统。
(17) 能监控和汇报客流状态。
(18) 能判断大客流的级别。
(19) 能布置铁马、伸缩栏杆、围栏的摆放，熟知客流引导时的告示摆放。
(20) 能与车控室进行联控和安抚乘客。

3. **素质目标**

(1) 培养学生团队协作能力、人际协调能力。
(2) 培养良好的职业素质、优秀的沟通能力。
(3) 培养服务意识，真诚服务，微笑服务。
(4) 树立“易人、易地、易性”服务原则。
(5) 树立规范、准确、认真负责的工作作风。

六、参考学时与学分

参考学时：144 学时。
参考学分：8 学分。

七、课程结构

城市轨道交通客流组织课程结构如表 2－2 所示。

表 2－2 城市轨道交通客流组织课程结构

序号	学习任务	职业能力	知识、技能、态度要求	教学活动设计	学时
1	客运服务设备	08－02－01、08－02－02、08－02－03、08－02－04、08－02－06、08－02－07、08－02－08、08－02－09、08－02－12、08－02－13	①会各类客运服务设备的分类 ②会车站客运服务设备的操作 ③会车站客运服务设备的简单维护	任务 1：客运设备认知 任务 2：液压梯操作 任务 3：自动售票机操作 任务 4：手持验票机操作 任务 5：设备的维护	20
2	车站设备	09－04－01、09－04－02、09－04－03、09－04－04、09－04－05、09－04－08、09－04－09、09－04－10	①学会环控（BAS 系统）、PIS 发送乘客信息、照明系统控制操作 ②学会进行通风系统操作，学会车站温度、湿度控制 ③学会消防（FAS 系统）（温感、烟感及报警按钮、复位等）操作 ④学会车站全方位监控（车站监控系统的操作及日常监控）	任务 1：车站设备认知 任务 2：BAS 系统操作 任务 3：FAS 系统操作 任务 4：车站监控操作及日常监控方式 任务 5：使用 PIS 发送信息	28
3	车站工作流程	08－01－01、08－01－02、08－01－03、08－01－04、08－02－04、08－02－05、08－02－10	①学会危险品的识别与控制 ②学会车站机电设备分类、特点、操作流程 ③学会使用客运备品 ④学会进行设备设施巡查和操作	任务 1：三品识别 任务 2：机电设备操作 任务 3：客运备品使用 任务 4：车站巡查规则	18
4	客流监控与引导	09－02－04、09－02－05、09－03－01、09－03－04	①学会进行客流监控 ②学会判断大客流级别 ③学会车站客流控制方法 ④学会进行客流关键点的引导	任务 1：大客流级别判断 任务 2：铁马等备品摆放 任务 3：客流关键点引导 任务 4：客流监控及报告	28

续上表

序号	学习任务	职业能力	知识、技能、态度要求	教学活动设计	学时
5	大客流组织	09－03－02、09－03－05、09－03－06、09－03－07、09－03－08、09－03－09、09－03－10	①学会正确预见与准确判断大客流 ②会分析影响大客流组织的因素 ③明确大客流时各岗位的岗位职责 ④学会利用车站设施设备及各类指示标志，在车站具体岗位上顺利执行大客流组织方案 ⑤培养良好的团队合作意识及高度的责任感与服务意识	任务1：大客流组织方法 任务2：三级客流处理方法 任务3：客流线控	30
6	客运事故处理	10－01、10－02	①熟悉客伤处理规则规定 ②熟悉客伤处理方法方式	任务1：客伤处理分类及处理规定 任务2：客伤资料收集 任务3：媒体应对 任务4：乘客安抚 任务5：证据留存	20
合　计					144

注："职业能力"栏目下的职业能力编码与本书"附录1．轨道交通运营管理专业职业能力分析表"中的编码对应。

八、资源开发与利用

（一）教材编写与使用

（1）教材编写必须依据本课程标准，教材应充分体现任务引领、实践导向的课程设计思想。

（2）教材应以城市轨道交通客流组织领域各项工作任务的需要，以及实际工作岗位的操作规程，并结合职业技能鉴定考证材料来组织编写；教材应体现以应用为目的，引入的理论知识以必需、够用为度，增加实践内容，强调理论在实践过程中的应用。

（3）教材应图文并茂，提高学生的学习兴趣。教材表达必须精练、准确、科学。教材中活动设计的内容要具体，并具有可操作性。

（4）教材内容应体现先进性、通用性、实用性，要将本专业新技术、新工艺、新材料及行业标准等内容及时地纳入教材，使教材更贴近本专业的发展和实际需要。

（二）数字化资源开发与利用

（1）注重该课程项目案例和多媒体教学资源的收集、整理及开发，丰富该课程教学资源。利用实物和多媒体教学资源创设形象生动的工作情境，激发学生对学习城市轨道交通客流组织的兴趣，促进学生对相关知识的理解。

（2）搭建和利用网络教学平台，建立该课程的网络教学数据库，积极开发和利用网络课程资源，提高课程资源利用率，促进教学效果的不断提高。

（3）建立本专业开放式实训中心，使之具备现场教学、实训、职业技能证书考证的功能，实现教学与实训合一、教学与培训合一、教学与考证合一，满足对学生职业能力培养的要求。

（4）条件成熟时开展开放实验实训室活动，鼓励支持学生参加客运组织竞赛等活动。

九、教学建议

（一）教学方法

建议采取工学结合、理论教学与实践教学并重的方式开展教学活动。在教学过程中，注重采用现场教学、案例教学和多媒体辅助教学的教学方法。所用案例应充分考虑工学结合的需求，并与专业所依托行业相应岗位的工作实际紧密结合。通过多媒体课件的开发，充分积累课程资源，有效拓展课堂信息量，适当增加课程的趣味性，努力激发学生的学习兴趣和主动性，切实提高本课程的学习效果。在实践教学中，注重真案真做，实践内容与工作实际紧密结合，增强解决实际问题的能力，并增加对行业及岗位实际的认识。鼓励学生通过实践操作提高专业技能和个人素质。

（二）教学条件

1. 软硬件条件

（1）制作与教材配套的多媒体课件、微课视频。

（2）积极开发和利用网络课程资源。

（3）配置教学一体化实训室。

（4）具有两家以上地铁的校外企业实训基地供学生实训。

2. 师资条件

对任课教师的基本要求：

（1）职业能力要求：能够实际操作、演示示范相关实操内容。

（2）知识结构要求：精通城市轨道交通客流组织课程教学内容。

（3）需要有相关专业背景、独立的实训室管理经验。

十、教学评价

（1）改革传统的学生评价手段和方法，采用阶段评价、过程性评价与目标评价相结合，项目评价，理论与实践一体化评价的评价模式。

（2）关注评价的多元性，结合平时纪律、学习主动性、知识掌握情况、项目完成情况综合评定学生成绩。

（3）应注重对学生分析问题、解决问题能力的考核，对在学习和应用上有创新的学生应予以特别鼓励，全面综合评价学生能力。该课程的学习成绩可考虑改用课程设计与答辩的方式来进行评定。

（撰稿人：丛　丛、李俊辉、王　玫）

中高职衔接中职学段：
城市轨道交通车站应急处理课程标准

一、课程名称

城市轨道交通车站应急处理。

二、适用专业

既适用于中高职衔接的中职城市轨道交通运输与管理专业，又适用于中职城市轨道交通运输与管理专业。

三、课程性质

本课程是中高职衔接中职学段城市轨道交通运营管理（城市轨道交通运输与管理）专业必修的一门专业核心课程。开设的主要目的是使学生掌握在城市轨道交通运作过程中发生各类紧急情况的处理办法，能够采取有效措施保证车站的安全有效运行，培养学生从事城市轨道交通应急处理的基本思想和基本技能，为学生将来从事本专业工作打下基础。

四、课程设计

本课程以职业能力单元为依据，按照行车安全应急处理、票务应急处理、服务应急处理、突发事件应急处理和危机公关处理共5个学习任务的职业技能培养要求构建课程体系，在每个学习任务中设计若干个实训项目，通过在项目训练中讲解知识点，从而适应中职阶段学生的学习规律。项目设计以学生从事城市轨道交通车站应急处理的基本技能和综合素质的培养为线索来进行。教学过程中，要通过校企合作、校内实训基地建设等多种途径，采取工学结合、课程设计等形式，充分开发学习资源，给学生提供丰富的实践机会。

五、课程教学目标

通过本课程的教学，要求学生能够处理各种非正常情况下和特殊情况下的行车安全应急事件；能够参与编制票务应急处理预案，组织培训和准确执行预案；能够处理乘客有关应急事件，准确处理乘客纠纷、受理乘客投诉；能够处理特殊天气、火灾、地震等突发事件；能够进行危机公关。树立在工作过程中的纪律意识、责任意识、服从意识，培养良好的心理素质和抗压能力。

1．知识目标

（1）掌握列车故障事件下的应急预案、屏蔽门故障事件下的应急预案、道岔故障事件下的应急预案、供电故障事件下的应急预案。

（2）掌握行车事件应急预案修订和员工培训学习组织方法。

（3）知晓"先通后复"的处理原则。

（4）掌握信号故障处理、道岔故障处理的工作方法和流程。

（5）知晓人工排列进路要求，掌握行车凭证填写要求，熟悉交接程序。

（6）掌握应急情况下行车设备操作方法，知晓非正常情况下降级模式，掌握紧急情况下协助值班站长清客、电话闭塞法行车双确认的工作流程。

（7）掌握票务设备故障下的应急预案［TVM（全自动售票机）故障、闸机故障、停电］，掌握票务应急预案修订方法和员工培训学习组织方法。

（8）掌握票务应急情况下车票处理的监督和指导方法，掌握AFC（城市轨道交通自动售检票系统）设备紧急模式的操作方法。

（9）掌握乘客服务应急预案，掌握乘客服务应急预案修订方法和员工培训学习组织方法。

（10）领会公交接驳的启动条件，理解公交接驳备品的种类及使用方法。

（11）掌握对人性化措施落实情况的监控，知晓异物掉入轨行区的处理方法，掌握拾物钳、绝缘棒、绝缘靴、绝缘手套等行车备品的使用方法。

（12）掌握对乘客的解释及引导、乘客纠纷处理、乘客投诉、乘客不文明行为纠纷、客伤处理等的程序与技巧，知晓及时寻找或挽留现场目击证人至少两人；掌握受伤乘客的急救及简单医疗处理方法，受伤乘客及家属的安抚方法。

（13）掌握火灾的应急预案、地震的应急预案、水灾的应急预案。

（14）知晓各种灾害应急预案修订和员工培训学习组织方法。

（15）熟悉消防设备设施、工具等使用，如灭火器、消防铲、消防桶、应急灯担架、绝缘棒、防毒面具等。

（16）掌握火灾报警的确认程序，掌握沙包、防洪膜的S形摆放方法，掌握乘客疏散技巧和列车疏散门操作方法，熟知轨行区安全行走线路图。

（17）掌握自动广播、人工广播、告示（A3立柱告示、H形牌告示等）、PIDS（车站、列车）的信息发布操作。

（18）掌握危机公关的规章要求（按规章指引配合及在获得授权后接受媒体采访），掌握公关事件处理相关的法律法规、危机公关的相关技巧。

2. **能力目标**

（1）能够执行列车故障事件下的应急预案、屏蔽门故障事件下的应急预案、道岔故障事件下的应急预案、供电故障事件下的应急预案。

（2）能够参与编写修订行车事件应急预案，组织员工进行培训学习。

（3）能够处理信号故障、道岔故障，熟练进行人工排列进路，填写行车凭证。

（4）能够在紧急情况下协助值班站长清客、电话闭塞法行车双确认。

（5）能够执行票务设备故障下的应急预案（TVM故障、闸机故障、停电），参与编写修订票务应急预案并组织员工进行培训学习，监督指导票务应急情况下的车票处理，操作AFC设备紧急模式。

（6）能够执行乘客服务应急预案，参与编写修订乘客服务应急预案并组织员工进行培训学习。

（7）能够处理异物掉入轨行区，懂得使用拾物钳、绝缘棒、绝缘靴、绝缘手套等行车备品。

（8）能够对乘客进行解释及引导，处理乘客纠纷、乘客投诉，纠正乘客不文明行为，进行受伤乘客的急救及简单医疗处理，安抚受伤乘客及家属，准确报告事件经过。

（9）能够执行火灾的应急预案、地震的应急预案、水灾的应急预案，参与编写修订各种灾害应急预案并组织员工进行培训学习。

（10）能够跟进处理暴力袭击及其他综治事件，使用消防设备设施、工具，如灭火器、消防铲、消防桶、应急灯担架、绝缘棒、防毒面具等，发生火灾时能立刻按压手报装置，能够将沙包、防洪膜摆放成S形。

（11）能够准确汇报特殊天气时的现场情况，疏散乘客，操作列车疏散门，突发事件情况下及时进行应急广播。

（12）能够灵活应对新闻媒体，不发表个人意见及信息，接收应急信息，及时传达信息到各有关岗位，及时向上级部门汇报，视情况汇报110、120。

（13）能够使用自动广播，操作人工广播，设置告示（A3立柱告示、H形牌告示等）、PIDS（车站、列车）的信息发布。

（14）能够及时协调各单位利用现有资源，按照应急处理预案对事件进行处置，向上级主管部门及时汇报事件处置过程，在突发事件后对事件经过进行原因分析，制订整改措施。

3. 素质目标

（1）具有良好的道德品质，吃苦耐劳、爱岗敬业、遵纪守法。

（2）具有较强的轨道交通企业纪律意识，具备良好的心理素质和抗压能力。

（3）具有较强的服从意识。

（4）具有安全生产知识和责任意识，保证工作质量，具有较强的服务意识，提高乘客满意度。

（5）具有良好的团队合作精神和人际交往能力，具备较强的工作执行能力，能高效完成工作。

六、参考学时与学分

参考学时：108学时。

参考学分：6学分。

七、课程结构

城市轨道交通车站应急处理课程结构如表2-3所示。

表 2－3　城市轨道交通车站应急处理课程结构

序号	学习任务	职业能力	知识、技能、态度要求	教学活动设计	学时
1	行车安全应急处理	15－01	①能够执行列车故障事件下的应急预案、屏蔽门故障事件下的应急预案、道岔故障事件下的应急预案、供电故障事件下的应急预案 ②能够参与编写修订行车事件应急预案，组织员工进行培训学习 ③能够处理信号故障、道岔故障，熟练进行人工排列进路，填写行车凭证 ④能够在紧急情况下协助值班站长清客、电话闭塞法行车双确认	任务 1：列车故障、屏蔽门故障、道岔故障、供电故障事件下应急预案执行 任务 2：行车事件应急预案编写与修订 任务 3：人工排列进路	20
2	票务应急处理	15－02	①能够执行票务设备故障下的应急预案（TVM 故障、闸机故障、停电） ②能够参与编写修订票务应急预案并组织员工进行培训学习 ③能够监督指导票务应急情况下的车票处理 ④能够操作 AFC 设备紧急模式	任务 1：票务设备故障下的应急预案执行 任务 2：票务应急预案编写与修订 任务 3：票务应急情况下的车票处理	20
3	服务应急处理	15－03	①能够执行乘客服务应急预案，参与编写修订乘客服务应急预案并组织员工进行培训学习 ②能够处理异物掉入轨行区，懂得使用拾物钳、绝缘棒、绝缘靴、绝缘手套等行车备品 ③能够对乘客进行解释及引导，处理乘客纠纷、乘客投诉，纠正乘客不文明行为，进行受伤乘客的急救及简单医疗处理，安抚受伤乘客及家属，准确报告事件经过	任务 1：乘客服务应急预案执行、编写与修订 任务 2：异物掉入轨行区处理 任务 3：乘客纠纷、乘客投诉处理 任务 4：受伤乘客处理	28

续上表

序号	学习任务	职业能力	知识、技能、态度要求	教学活动设计	学时
4	突发事件应急处理	15－04	①能够执行火灾、地震、水灾的应急预案，参与编写修订各种灾害应急预案并组织员工进行培训学习 ②能够跟进处理暴力袭击及其他综治事件，使用消防设备设施、工具，如灭火器、消防铲、消防桶、应急灯担架、绝缘棒、防毒面具等，发生火灾时能立刻按压手报装置，能够将沙包、防洪膜摆放成S形 ③能够准确汇报特殊天气时的现场情况，疏散乘客，操作列车疏散门，突发事件情况下及时进行应急广播	任务1：火灾、地震、水灾应急预案执行 任务2：暴力袭击及其他综治事件跟进处理 任务3：乘客疏散	20
5	危机公关处理	15－05	①能够灵活应对新闻媒体，不发表个人意见及信息，接收应急信息，及时传达信息到各有关岗位，及时向上级部门汇报，视情况汇报110、120 ②能够使用自动广播，操作人工广播，设置告示（A3立柱告示、H型牌告示等）、PIDS（车站、列车）的信息发布 ③能够及时协调各单位利用现有资源，按照应急处理预案对事件进行处置，向上级主管部门及时汇报事件处置过程，在突发事件后对事件经过进行原因分析，制订整改措施	任务1：应急信息传递 任务2：广播、告示、PIDS信息发布 任务3：协调、汇报与事后总结	20
合　计					108

注：“职业能力”栏目下的职业能力编码与本书“附录1. 轨道交通运营管理专业职业能力分析表”中的编码对应。

八、资源开发与利用

（一）教材编写与使用

（1）教材编写必须依据本课程标准，教材应充分体现任务引领、实践导向的课程设计思想。

（2）教材应以各项学习任务的需要，以及实际工作岗位的操作规程，并结合职业技能鉴定考证材料来组织编写；体现以应用为目的，引入的理论知识以必需、够用为度，增加实践内容，强调理论在实践过程中的应用。

（3）教材应图文并茂，提高学生的学习兴趣。教材表达必须精练、准确、科学。教材中活动设计的内容要具体，并具有可操作性。

（4）教材内容应体现先进性、通用性、实用性，要将本专业新技术、新工艺、新材料及行业标准等内容及时纳入教材，使教材更贴近本专业的发展和实际需要。

（二）数字化资源开发与利用

（1）注重案例和多媒体教学资源的收集、整理及开发，丰富课程教学资源。利用实物和多媒体教学资源创设形象生动的工作情境，激发学生的学习兴趣，促进学生对相关知识的理解掌握。

（2）搭建和利用网络教学平台，建立该课程的网络教学数据库，积极开发和利用网络课程资源，提高课程资源利用率，促进教学效果的不断提高。

（3）建立开放式实训中心，具备现场教学、实训、职业技能证书考证的功能，实现教学与实训合一、教学与培训合一、教学与考证合一，满足对学生职业能力培养的要求。

（4）条件成熟时开展开放实训室活动，支持学生开展课外科学创新活动，鼓励支持学生参加技能竞赛等活动，提高学生的创新能力。

九、教学建议

（一）教学方法

建议采取工学结合、理论教学与实践教学并重的方式开展教学活动。在教学过程中，注重采用现场教学、案例教学和多媒体辅助教学的教学方法。所用案例应充分考虑工学结合的需求，并与专业所依托行业相应岗位的工作实际紧密结合。通过多媒体课件的开发，充分积累课程资源，有效拓展课堂信息量，适当增加课程的趣味性，努力激发学生的学习兴趣和主动性，切实提高学习效果。在实践教学中，注重真案真做，实践内容与工作实际紧密结合，增强解决实际问题的能力，并增加对行业及岗位实际的认识。鼓励学生通过实践操作提高专业技能。

（二）教学条件

1．软硬件条件

（1）制作与教材配套的多媒体课件、微课视频。

（2）积极开发和利用网络课程资源。

（3）配置教学一体化实训室，最好能够提供环境仿真软件。

（4）配置校外企业实训基地供学生实训。

2．师资条件

对任课教师的基本要求：

（1）职业能力要求：能够实际操作、演示示范相关实操内容。

（2）知识结构要求：精通城市轨道交通车站应急处理课程教学内容。

（3）需要有相关专业背景，能定期对相关设备进行维护。

十、教学评价

（1）改革传统的学生评价手段和方法，采用阶段性评价、过程性评价与目标评价相结合，理论与实践一体化的评价模式。

（2）关注评价的多元性，结合平时纪律、学习主动性、知识掌握情况、任务完成情况综合评定学生成绩。

（3）应注重对学生分析问题、解决问题能力的考核，对在学习和应用上有创新的学生应予以特别鼓励，全面综合评价学生能力。

（撰稿人：郑　锂、黎新华）

中高职衔接中职学段：
城市轨道交通行车组织实务课程标准

一、课程名称

城市轨道交通行车组织实务。

二、适用专业

既适用于中高职衔接的中职城市轨道交通运输与管理专业，又适用于中职城市轨道运输与管理专业。

三、课程性质

本课程是中高职衔接中职学段城市轨道交通运营管理（城市轨道交通运输与管理）专业必修的一门专业核心课程。开设的主要目的是使学生掌握在城市轨道交通车站站台接发列车、组织乘客有序乘车、监控和使用站台设备、清客、人工表示行车信号等能力，培养学生从事城市轨道交通车站站台接发列车、乘客引导和手信号的基本技能，为学生将来从事本专业工作打下基础。

四、课程设计

本课程以中职面向的核心岗位城市轨道交通站务员实际工作任务为出发点，将接发列车与乘客引导、日常站台设备操作、紧急情况下站台设备操作、手信号共 4 个工作任务构建本课程的内容体系。遵循中职学生学习规律，将工作任务所需的职业能力培养融入具体的项目中，设计站台接发列车实训、站台设备操作实训、手信号实训等实训项目，在项目完成过程中实现对相应知识的培养。

五、课程教学目标

通过本课程的教学，要求学生能够执行接发列车程序，引导乘客文明候车，监控站台、列车乘客状态，监控站台设备状况及列车运行状况，操作紧急停车按钮，熟练操作屏蔽门和车门，操作 PSL 及其互锁解除，紧急疏散情况下开启和关闭屏蔽门、紧急疏散门、端门，清客，显示发车、通过、紧急停车、三二一车距离、引导信号等手信号。树立在工作过程中的纪律意识、责任意识、服从意识，培养良好的心理素质和抗压能力。

1. 知识目标

（1）掌握接发列车程序，引导乘客文明候车的方法。

（2）掌握站台、列车乘客状态监控方法，站台设备状况及列车运行状况监控方法。

（3）掌握紧急停车按钮操作、屏蔽门和车门操作、PSL 操作。

（4）掌握紧急疏散情况下屏蔽门、紧急疏散门、端门的开启和关闭方法，清客方法。

（5）掌握发车手信号、通过手信号、紧急停车手信号、三二一车距离信号、引导信号等的表示。

2. **能力目标**

（1）能够执行接发列车程序，引导乘客文明候车。

（2）能够监控站台、列车乘客状态，监控站台设备状况及列车运行状况。

（3）能够操作紧急停车按钮。

（4）能够操作屏蔽门和车门。

（5）能够操作 PSL，互锁解除。

（6）能够在紧急疏散情况下开启、关闭屏蔽门。

（7）能够在紧急疏散情况下开启、关闭紧急疏散门。

（8）能够在紧急疏散情况下开启、关闭端门。

（9）能够在紧急疏散情况下清客。

（10）能够显示发车手信号。

（11）能够显示通过手信号。

（12）能够显示紧急停车手信号。

（13）能够显示三二一车距离信号。

（14）能够显示引导信号。

3. **素质目标**

（1）具有良好的道德品质，吃苦耐劳、爱岗敬业、遵纪守法。

（2）具有较强的轨道交通企业纪律意识，具备良好的心理素质和抗压能力。

（3）具有较强的服从意识。

（4）具有安全生产知识和责任意识，保证工作质量，具有较强的服务意识，提高乘客满意度。

（5）具有良好的团队合作精神和人际交往能力，具备较强的工作执行能力，高效完成工作。

六、参考学时与学分

参考学时：180 学时。

参考学分：10 学分。

七、课程结构

城市轨道交通行车组织实务课程结构如表 2－4 所示。

表 2－4　城市轨道交通行车组织实务课程结构

序号	学习任务	职业能力	知识、技能、态度要求	教学活动设计	学时
1	接发列车与乘客引导	11－01－01、11－01－02、11－01－03、11－01－04	①能够执行接发列车程序，引导乘客文明候车 ②能够监控站台、列车乘客状态，监控站台设备状况及列车运行状况	任务 1：列车接发 任务 2：站台乘客管理 任务 3：站台设备监控	34
2	日常站台设备操作	11－01－05、11－01－06、11－01－07、11－01－08	①能够操作紧急停车按钮 ②能够操作屏蔽门和车门 ③能够操作 PSL，互锁解除	任务 1：紧急停车按钮操作 任务 2：屏蔽门和车门操作 任务 3：PSL 操作	34
3	紧急情况下站台设备操作	11－01－09、11－01－10、11－01－11、11－01－12	①能够在紧急疏散情况下开启、关闭屏蔽门 ②能够在紧急疏散情况下开启、关闭紧急疏散门 ③能够在紧急疏散情况下开启、关闭端门 ④能够在紧急疏散情况下清客	任务 1：紧急疏散情况下屏蔽门开启、关闭 任务 2：紧急疏散情况下紧急疏散门开启、关闭 任务 3：紧急疏散情况下端门开启、关闭 任务 4：清客	48
4	手信号	13－03－03、13－03－04、13－03－05、13－03－06、13－03－07	①能够显示发车手信号 ②能够显示通过手信号 ③能够显示紧急停车手信号 ④能够显示三二一车距离信号 ⑤能够显示引导信号	任务 1：发车手信号显示 任务 2：通过手信号显示 任务 3：紧急停车手信号显示 任务 4：三二一车距离信号显示 任务 5：引导信号显示	64
合　计					180

注："职业能力"栏目下的职业能力编码与本书"附录 1. 轨道交通运营管理专业职业能力分析表"中的编码对应。

八、资源开发与利用

（一）教材编写与使用

（1）教材编写必须依据本课程标准，教材应充分体现任务引领、实践导向的课程设计思想。

（2）教材应以各项学习任务的需要，以及实际工作岗位的操作规程，并结合职业技能鉴定考证材料来组织编写，体现以应用为目的，引入的理论知识以必需、够用为度，增加实践内容，强调理论在实践过程中的应用。

（3）教材应图文并茂，提高学生的学习兴趣。教材表达必须精练、准确、科学。教材中活动设计的内容要具体，并具有可操作性。

（4）教材内容应体现先进性、通用性、实用性，要将本专业新技术、新工艺、新材料及行业标准等内容及时纳入教材，使教材更贴近本专业的发展和实际需要。

（二）数字化资源开发与利用

（1）注重案例和多媒体教学资源的收集、整理及开发，丰富课程教学资源。利用实物和多媒体教学资源创设形象生动的工作情境，激发学生的学习兴趣，促进学生对相关知识的理解掌握。

（2）搭建和利用网络教学平台，建立该课程的网络教学数据库，积极开发和利用网络课程资源，提高课程资源利用率，促进教学效果的不断提高。

（3）建立开放式实训中心，具备现场教学、实训、职业技能证书考证的功能，实现教学与实训合一、教学与培训合一、教学与考证合一，满足对学生职业能力培养的要求。

（4）条件成熟时开展开放实训室活动，支持学生开展课外科学创新活动，鼓励支持学生参加技能竞赛等活动，提高学生的创新能力。

九、教学建议

（一）教学方法

建议采取工学结合、理论教学与实践教学并重的方式开展教学活动。在教学过程中，注重采用现场教学、案例教学和多媒体辅助教学的教学方法。所用案例应充分考虑工学结合的需求，并与专业所依托行业相应岗位的工作实际紧密结合。通过多媒体课件的开发，充分积累课程资源，有效拓展课堂信息量，适当增加课程的趣味性，努力激发学生的学习兴趣和主动性，切实提高学习效果。在实践教学中，注重真案真做，实践内容与工作实际紧密结合，增强解决实际问题的能力，并增加对行业及岗位实际的认识。鼓励学生通过实践操作提高专业技能。

（二）教学条件

1. 软硬件条件

（1）制作与教材配套的多媒体课件、微课视频。

（2）积极开发和利用网络课程资源。

（3）配置教学一体化实训室，最好能够提供环境仿真软件。

（4）配置校外企业实训基地供学生实训。

2. 师资条件

对任课教师的基本要求：

（1）职业能力要求：能够实际操作、演示示范相关实操内容。

（2）知识结构要求：精通城市轨道交通行车组织实务课程教学内容。

（3）需要有相关专业背景，能定期对相关设备进行维护。

十、教学评价

（1）改革传统的学生评价手段和方法，采用阶段性评价、过程性评价与目标评价相结合，理论与实践一体化的评价模式。

（2）关注评价的多元性，结合平时纪律、学习主动性、知识掌握情况、任务完成情况综合评定学生成绩。

（3）应注重对学生分析问题、解决问题能力的考核，对在学习和应用上有创新的学生应予以特别鼓励，全面综合评价学生能力。

（撰稿人：李俊辉、黎新华、郭英明）

中高职衔接中职学段：城市轨道交通票务处理课程标准

一、课程名称

城市轨道交通票务处理。

二、适用专业

既适用于中高职衔接的中职城市轨道运输与管理专业，又适用于中职城市轨道运输与管理专业。

三、课程性质

本课程是中高职衔接中职学段城市轨道交通运营管理专业针对站务员、客运值班员岗位开设的一门必修专业核心课程。其任务是培养学生在学会相关理论知识的基础上，掌握在城市轨道交通企业车票和现金的流通过程，以及整个票务系统的处理流程，能够进行车站的票务处理管理工作。

四、课程设计

本课程根据城市轨道交通企业站务员岗位资格证书对知识和技能的要求，将客服中心售票、现金管理、车票及备品管理、票务设备操作、票务报表的填写与审核、票务收益安全管理、票务统计和银行业务共 7 个工作任务构建本课程的内容体系。考虑到中职学段教育特点，理论知识的选取紧紧围绕工作任务完成的需要来进行，因此课程针对每个工作任务进一步设计了 BOM 售卡、充值、兑零、找零标准程序、纸币识别等具体的工作项目，通过项目训练来培养对应的职业能力。

五、课程教学目标

通过本课程的教学，要求学生学会城市轨道交通票务处理技能与技巧，熟知规章规范，学会操作车站机电设备与票务设备，学会票务安全管理和票务业务运作，并学以致用，培养严谨务实的处理问题与解决问题的能力，锻炼真诚、优秀的沟通能力。

1. 知识目标

（1）熟知兑零、找零标准程序。

（2）熟知乘客退票处理流程。

（3）会进行无效票处理。

（4）会进行其他异常车票处理。

（5）会填写票务纸质报表。

（6）熟知票据、票务报表及台账的保管、上交。

（7）会进行票务报表审核。
（8）掌握分析车票处理方法。
（9）掌握 AFC 设备故障的判断方法。
（10）掌握 TVM 设备故障的判断方法。
（11）了解车票安全管理规定。
（12）了解现金安全管理规定。
（13）了解客服中心安全管理条例。
（14）掌握车站车票与现金的保管方法。
（15）掌握车站车票与现金的配发方法。
（16）掌握车站车票与现金的结算方法。
（17）掌握票务备品台账管理。
（18）掌握执行票务规章制度。
（19）会确保车站票款、备用金安全。
（20）掌握车站现金（票款、备用金）存放要求。
（21）掌握车站现金（票款、备用金）运送要求。
（22）掌握车站现金（票款、备用金）交接要求。

2. 能力目标

（1）能操作 BOM（半自动售票机）售卡。
（2）能操作 BOM 充值。
（3）能进行儿童票的发放。
（4）能进行行李票的发放。
（5）能审查优惠票的使用。
（6）能识别各类车票的异同。
（7）能识别硬币真伪。
（8）能引导乘客使用 TVM 自助售票。
（9）能使用现金清点设备。
（10）能正确识别现金。
（11）能进行票务岗位工作巡查。
（12）能进行票务报表文件审查。
（13）能协调与银行的现金业务。
（14）能掌握车站与银行的解行作业流程。
（15）能申领车站硬币备用。
（16）能进行售票结算。
（17）能进行车站票务数据统计。
（18）能进行票务统计分析客流特征。
（19）能控制硬币流失方法。
（20）能进行票务值班工作。
（21）能操作闸机设备。

（22）能通过 BOM 售票。

（23）能进行票务审批。

3. **素质目标**

（1）培养学生团队协作能力、人际协调能力。

（2）培养良好的职业素质、优秀的沟通能力。

（3）培养服务意识，真诚服务，微笑服务。

（4）树立“易人、易地、易性”服务原则。

（5）树立规范、准确、认真负责的工作作风。

六、参考学时与学分

参考学时：108 学时。

参考学分：6 学分。

七、课程结构

城市轨道交通票务处理课程结构如表 2－5 所示。

表 2－5 城市轨道交通票务处理课程结构

序号	学习任务	职业能力	知识、技能、态度要求	教学活动设计	学时
1	客服中心售票	03－01、 03－02、 03－03	①学会售票充值业务 ②学会不同车票的操作 ③学会售票设备操作	任务 1：BOM 售卡、充值 任务 2：兑零、找零标准程序 任务 3：现金清点设备操作 任务 4：整理客服中心的布局 任务 5：纸币识别	18
2	现金管理	05－03－01、 05－03－04、 05－03－05、 05－03－06	①能够独立完成对现金的清点；能够保证现金安全；能够与人合作完成现金配发工作 ②能够准确地将票款存入银行 ③票务管理操作规程；工器具（点钞机、分钞机、打包机等）的使用方法；计算机的常规操作 ④票款的“打包返纳”	任务 1：现金的保管 任务 2：现金的配发 任务 3：现金的结算 任务 4：票款“打包返纳”	20

续上表

序号	学习任务	职业能力	知识、技能、态度要求	教学活动设计	学时
3	车票及备品管理	05－03－04、05－03－05、05－03－07	①能够独立完成车票的清点；能够保证车票的安全 ②能够与人合作完成车票的配发、回收工作	任务1：车票的保管 任务2：车票的配发 任务3：车票的结算	12
4	票务设备操作	04－03－01、04－03－02、04－03－03、04－03－04、04－03－05	①学会自动售检票设备的构造和操作（补币、补票、回收票箱、钱箱、故障处理） ②学会点币机的使用方法 ③学会AG的构造及操作 ④学会车站票务系统操作 ⑤学会BOM操作	任务1：BOM车票分析处理 任务2：AFC设备故障判断 任务3：点币机使用 任务4：更换TVM票盒、钱箱 任务5：AG操作 任务6：SC系统操作 任务7：BOM操作	20
5	票务报表的填写与审核	04－02－01、04－02－02、04－02－03	①能够独立、准确地填写报表 ②能够对售票员填写的报表进行审核 ③能够对报表进行装订，保存 ④学会台账管理规章 ⑤台账的填写、保管方法	任务1：票务报表填写 任务2：台账填写 任务3：报表审核	14
6	票务收益安全管理	05－01、05－02、05－03、05－04	①学会票务应急处理处置 ②学会票务安全规定 ③学会车票、现金、票务设备管理 ④学会车站票款、现金、备用金安全管理方法	任务1：票务规章学习 任务2：票务模式区分 任务3：车站票务管理办法	12
7	票务统计和银行业务	09－03－02、09－03－05、09－03－06、09－03－07、09－03－08、09－03－09、09－03－10	①学会进行票务内审 ②学会银行相关业务操作 ③学会票务分析	任务1：票务报表审查 任务2：银行解行操作 任务3：车站票务数据统计 任务4：售票结算	12
合　计					108

注："职业能力"栏目下的职业能力编码与本书"附录1. 轨道交通运营管理专业职业能力分析表"中的编码对应。

八、资源开发与利用

（一）教材编写与使用

（1）教材编写必须依据本课程标准，教材应充分体现任务引领、实践导向的课程设计思想。

（2）教材应以城市轨道交通票务处理领域各项工作任务的需要，以及实际工作岗位的操作规程，并结合职业技能鉴定考证材料来组织编写；教材应体现以应用为目的，引入的理论知识以必需、够用为度，增加实践内容，强调理论在实践过程中的应用。

（3）教材应图文并茂，提高学生的学习兴趣。教材表达必须精练、准确、科学。教材中活动设计的内容要具体，并具有可操作性。

（4）教材内容应体现先进性、通用性、实用性，要将本专业新技术、新工艺、新材料及行业标准等内容及时纳入教材，使教材更贴近本专业的发展和实际需要。

（二）数字化资源开发与利用

（1）注重该课程项目案例和多媒体教学资源的收集、整理及开发，丰富该课程教学资源。利用实物和多媒体教学资源创设形象生动的工作情境，激发学生对学习城市轨道交通票务处理的兴趣，促进学生对相关知识的理解掌握。

（2）搭建和利用网络教学平台，建立该课程的网络教学数据库，积极开发和利用网络课程资源，提高课程资源利用率，促进教学效果的不断提高。

（3）建立本专业开放式实训中心，使之具备现场教学、实训、职业技能证书考证的功能，实现教学与实训合一、教学与培训合一、教学与考证合一，满足对学生职业能力培养的要求。

（4）条件成熟时开展开放实验实训室活动，鼓励支持学生参加票务竞赛等活动。

九、教学建议

（一）教学方法

建议采取工学结合、理论教学与实践教学并重的方式开展教学活动。在教学过程中，注重采用现场教学、案例教学和多媒体辅助教学的教学方法。所用案例应充分考虑工学结合的需求，并与专业所依托行业相应岗位的工作实际紧密结合。通过多媒体课件的开发，充分积累课程资源，有效拓展课堂信息量，适当增加课程的趣味性，努力激发学生的学习兴趣和主动性，切实提高本课程的学习效果。在实践教学中，注重真案真做，实践内容与工作实际紧密结合，增强解决实际问题的能力，并增加对行业及岗位实际的认识。鼓励学生通过实践操作提高专业技能和个人素质。

（二）教学条件

1．软硬件条件

（1）制作与教材配套的多媒体课件、微课视频。

（2）积极开发和利用网络课程资源。

（3）配置教学一体化实训室。

（4）具有两家以上地铁的校外企业实训基地供学生实训。

2．师资条件

对任课教师的基本要求：

（1）职业能力要求：能够实际操作、演示示范相关实操内容。

（2）知识结构要求：精通城市轨道交通票务处理课程教学内容。

（3）需要有相关专业背景、独立的实训室管理经验。

十、教学评价

（1）改革传统的学生评价手段和方法，采用阶段评价、过程性评价与目标评价相结合，项目评价，理论与实践一体化评价的评价模式。

（2）关注评价的多元性，结合平时纪律、学习主动性、知识掌握情况、项目完成情况综合评定学生成绩。

（3）应注重对学生分析问题、解决问题能力的考核，对在学习和应用上有创新的学生应予以特别鼓励，全面综合评价学生能力。该课程的学习成绩可考虑改用课程设计与答辩的方式来进行评定。

（撰稿人：丛　丛、郑　锂、王　玫）

中高职衔接中职学段：城市轨道交通车站设备课程标准

一、课程名称

城市轨道交通车站设备。

二、适用专业

既适用于中高职衔接的中职城市轨道交通运营管理专业，又适用于中职城市轨道交通运营管理专业。

三、课程性质

本课程是中高职衔接中职学段城市轨道交通运营管理专业针对站务员、客运值班员岗位开设的一门必修专业核心课程。其任务是使学生在掌握相关理论知识的基础上，掌握对城市轨道交通车站各项设备的认知、设备基本操作及应急处理，培养学生从事城市轨道交通车站运作的基础技能，为学生将来从事本专业工作打下基础。

四、课程设计

本课程打破以知识传授为主要特征的传统学科课程模式，转变为以工作任务为中心组织课程内容，将课程分为车站设备概述，车站环控系统，车站电梯、扶梯及无障碍设施，车站消防系统，乘客信息与广播系统，车站售检票系统与车站屏蔽门（安全门）共7个工作任务，理论知识的选取紧紧围绕上述工作任务完成的需要来进行，同时又充分考虑了中等职业教育对理论知识学习的需要，并融合了城市轨道交通站务员职业资格证书对知识、技能和态度的要求。

五、课程教学目标

通过本课程的教学，要求学生能够掌握理解车站环控设备、电梯、扶梯及无障碍设施、屏蔽门（安全门）系统、车站消防系统、乘客信息与广播系统、售检票系统、信号系统等，掌握对车站设备的基本认知、设备基本操作及应急处理，树立在工作过程中的纪律意识、责任意识和服从意识，培养良好的心理素质和抗压能力。

1. **知识目标**

（1）了解常见的车站设备名称和作用。

（2）理解车站通风空调的工作原理。

（3）理解车站给排水的原理。

（4）理解BAS系统（楼宇自动化系统）工作的原理。

（5）了解电梯的组成及车站消防系统的硬件组成。

（6）了解车站消防系统、报警系统的构成。

（7）了解乘客信息服务系统的功能、设备组成。

（8）了解车站售检票系统的构成。

（9）认识 AFC 发展动态。

（10）熟知屏蔽门的分类、结构及应用条件。

2. 能力目标

（1）掌握车站设备概述，车站设备的基本组成。

（2）掌握车站环控系统设备的基本组成及作用，监控操作流程及应急处理流程。

（3）掌握车站电梯、扶梯及无障碍设施的基本组成及作用，监控操作流程及应急处理流程。

（4）掌握车站消防系统的基本组成及作用，监控操作流程及应急处理流程。

（5）掌握车站乘客信息与广播系统的基本组成及作用，监控操作流程及应急处理流程。

（6）掌握车站售检票系统的基本组成及作用，监控操作流程及应急处理流程。

（7）掌握车站屏蔽门（安全门）的基本组成及作用，监控操作流程及应急处理流程。

（8）掌握车站各项设备的联动机制。

3. 素质目标

（1）培养学生团队协作能力、人际协调能力。

（2）培养良好的动手操作能力。

（3）培养轨道交通安全防护意识。

（4）培养设备故障情况下的应急处理能力。

（5）树立严谨、规范、认真负责的工作作风。

六、参考学时与学分

参考学时：108 学时。

参考学分：6 学分。

七、课程结构

城市轨道交通车站设备课程结构如表 2－6 所示。

表 2－6　城市轨道交通车站设备课程结构

序号	学习任务	职业能力	知识、技能、态度要求	教学活动设计	学时
1	车站设备概述	08－01－01、08－01－02、08－01－03、08－01－04、08－01－06	①能够掌握车站设备的组成 ②能够掌握车站设备的分类 ③能够了解车站设备布置场所	任务 1：车站设备组成 任务 2：车站设备的识别 任务 3：车站设备布置的场所	8

续上表

序号	学习任务	职业能力	知识、技能、态度要求	教学活动设计	学时
2	车站环控系统	07－02－03、07－02－04、09－04	①能够掌握车站通风空调 ②能够掌握车站给排水 ③能够掌握低压配电照明系统 ④能够掌握BAS系统	任务1：通风空调的组成及操作 任务2：给排水系统的组成及运作原理 任务3：BAS系统的监控认知及基本操作 任务4：车站照明系统的负荷 任务5：应急照明的使用	12
3	车站电梯、扶梯及无障碍设施	07－02－09、08－02－01、08－02－02、08－02－03、08－02－04	①能够掌握电梯的组成，基本操作 ②能够掌握电扶梯的组成，基本操作 ③能够了解其他无障碍设施 ④能够了解常见的安全事件	任务1：电梯的基本组成，开关操作 任务2：电扶梯的基本组成，开关操作 任务3：其他无障碍设施的基本组成，开关操作 任务4：电扶梯巡检内容 任务5：电扶梯夹人夹物的处理 任务6：电梯困人的处理流程	20
4	车站消防系统	09－04－07、09－04－08、12－02－11、15－04－01、15－04－06、17－02－09、17－02－10、17－02－11	①能够掌握车站消防系统的硬件组成 ②能够掌握车站消防系统报警系统 ③能够掌握常见灭火器具的使用方法	任务1：车站消防系统终端设备 任务2：车站消防系统的报警设备 任务3：车站消防栓的使用方法 任务4：灭火器的使用	16
5	乘客信息与广播系统	01－02－04、08－02－10、08－02－11、08－02－13、09－01－01、09－04－09、11－01－04、14－01－05	①能够掌握乘客信息服务系统的功能 ②能够掌握乘客信息服务系统设备组成 ③能够掌握广播系统的使用方法 ④能够对乘客信息与广播系统的应用进行了解	任务1：认知乘客信息系统的分布 任务2：乘客信息系统的使用 任务3：广播系统的使用 任务4：应急信息的播放和广播	16

续上表

序号	学习任务	职业能力	知识、技能、态度要求	教学活动设计	学时
6	车站售检票系统	02－02、 02－05－02、 03－01、 03－03、 04－01、 04－03、 08－02－06、 08－02－07	①能够掌握车站售检票系统构成 ②能够掌握TVM、AG、BOM的组成及使用 ③能够理解AFC系统与票务运作的关系 ④能够了解AFC发展动态	任务1：AFC系统的硬件组成 任务2：车站内TVM、AG等的构成及使用 任务3：BOM的功能及使用 任务4：AFC与票务运作的关系 任务5：AFC系统的发展趋势	16
7	车站屏蔽门（安全门）	02－02、 02－05－02、 03－01、 03－03、 04－01、 04－03、 08－02－06、 08－02－07	①能够掌握屏蔽门的分类及应用条件 ②能够掌握屏蔽门的基本结构 ③能够掌握屏蔽门门结构的作用 ④能够掌握屏蔽门控制的级别 ⑤能够掌握屏蔽门常见的故障及处理的方法	任务1：屏蔽门系统的结构 任务2：屏蔽门系统运作的基本原理 任务3：屏蔽门的作用及功能实现 任务4：屏蔽门的控制级别原理及优先级 任务5：屏蔽门的常见故障及处理方法 任务6：屏蔽门的安全事件案例	20
合　计					108

注：“职业能力”栏目下的职业能力编码与本书“附录1. 轨道交通运营管理专业职业能力分析表”中的编码对应。

八、资源开发与利用

（一）教材编写与使用

（1）教材编写必须依据本课程标准，教材应充分体现任务引领、实践导向的课程设计思想。

（2）教材应以各项学习任务的需要，以及实际工作岗位的操作规程，并结合职业技能鉴定考证材料来组织编写，体现以应用为目的，引入的理论知识以必需、够用为度，增加实践内容，强调理论在实践过程中的应用。

（3）教材应图文并茂，提高学生的学习兴趣。教材表达必须精练、准确、科学。教材中活动设计的内容要具体，并具有可操作性。

（4）教材内容应体现先进性、通用性、实用性，要将本专业新技术、新工艺、新材料及行业标准等内容及时纳入教材，使教材更贴近本专业的发展和实际需要。

（二）数字化资源开发与利用

（1）注重案例和多媒体教学资源的收集、整理及开发，丰富课程教学资源。利用实物和多媒体教学资源创设形象生动的工作情境，激发学生的学习兴趣，促进学生对相关知识的理解掌握。

（2）搭建和利用网络教学平台，建立该课程的网络教学数据库，积极开发和利用网络课程资源，提高课程资源利用率，促进教学效果的不断提高。

（3）建立开放式实训中心，具备现场教学、实训、职业技能证书考证的功能，实现教学与实训合一、教学与培训合一、教学与考证合一，满足对学生职业能力培养的要求。

（4）条件成熟时开展开放实训室活动，支持学生开展课外科学创新活动，鼓励支持学生参加技能竞赛等活动，提高学生的创新能力。

九、教学建议

（一）教学方法

建议采取工学结合、理论教学与实践教学并重的方式开展教学活动。在教学过程中，注重采用现场教学、案例教学和多媒体辅助教学的教学方法。所用案例应充分考虑工学结合的需求，并与专业所依托行业相应岗位的工作实际紧密结合。通过多媒体课件的开发，充分积累课程资源，有效拓展课堂信息量，适当增加课程的趣味性，努力激发学生的学习兴趣和主动性，切实提高本课程的学习效果。在实践教学中，注重真案真做，实践内容与工作实际紧密结合，增强解决实际问题的能力，并增加对行业及岗位实际的认识。鼓励学生通过实践操作提高专业技能和个人素质。

（二）教学条件

1. 软硬件条件

（1）制作与教材配套的多媒体课件、微课视频。

（2）积极开发和利用网络课程资源。

（3）配置教学一体化实训室，最好能够提供环境仿真软件。

（4）配置校外企业实训基地供学生实训。

2. 师资条件

对任课教师的基本要求：

（1）职业能力要求：能够实际操作、演示示范相关实操内容。

（2）知识结构要求：精通城市轨道交通车站设备课程教学内容。

（3）需要有相关专业背景，能定期对相关设备进行维护。

十、教学评价

（1）改革传统的学生评价手段和方法，采用阶段评价、过程性评价与目标评价相结合，项目评价，理论与实践一体化评价的评价模式。

（2）关注评价的多元性，结合平时纪律、学习主动性、知识掌握情况、项目完成情况综合评定学生成绩。

（3）应注重对学生分析问题、解决问题能力的考核，对在学习和应用上有创新的学生应予以特别鼓励，全面综合评价学生能力。该课程的学习成绩可考虑改用课程设计与答辩的方式来进行评定。

（撰稿人：宋以华、彭湘涛）

中高职衔接高职学段：城市轨道交通行车组织课程标准

一、课程名称

城市轨道交通行车组织。

二、适用专业

既适用于中高职衔接的高职城市轨道交通运营管理专业，又适用于高职城市轨道交通运营管理专业。

三、课程性质

本课程是中高职衔接高职学段城市轨道交通运营管理专业必修的一门专业核心课程。开设的主要目的是使学生掌握城市轨道交通行车监控、运营时刻表应用、手摇道岔、行车信号设备操作、运营前检查的能力，培养学生从事城市轨道交通行车组织的中级技能，为学生将来从事本专业工作打下基础。

四、课程设计

本课程以高职城市轨道交通运营管理专业主要面向的站务员、值班员岗位对行车组织职业能力的要求为依据，根据行车监控、行车信号设备操作及运营前检查 3 个主要工作任务构建课程内容体系，结合高职职业教育对理论知识的需要，将城市轨道交通值班员资格证书的要求融入课程，设计行车调度、手摇道岔、信号设备操作等工作项目，通过校内实训设备和企业现场实训完成项目训练，实现对学生城市轨道交通行车监控、运营时刻表应用、手摇道岔、行车信号设备操作、运营前检查的基本技能和综合素质的培养。

五、课程教学目标

通过本课程的教学，要求学生能够监控行车设备、CCTV、检查运营前行车设备状态，监控列车运行、车站客流变化、设备运行状态，监控运行图执行、全线列车位置，读懂和运用运营时刻表，熟练操作手摇道岔、消防环控、IBP、车站联锁设备、信号控制系统，组织运营前供电检查、信号设备测试、确认运营线路出清，掌握特殊情况下的信号显示，在工作过程中树立纪律意识、责任意识、服从意识，培养良好的心理素质和抗压能力。

1. 知识目标

（1）熟悉行车设备、CCTV。

（2）掌握运营前行车设备状态检查的要点和要求。

（3）掌握列车运行情况、车站客流变化、设备运行状态等的监控要点和要求。

（4）读懂和运用运营时刻表，掌握运行图执行的监控、全线列车位置的监控。

（5）掌握手摇道岔操作要点和要求。

（6）熟悉消防环控、IBP、车站联锁设备、信号控制系统。

（7）掌握运营前供电检查、信号设备测试、运营线路出清确认和特殊情况下信号显示的要点和要求。

2. 能力目标

（1）能够监控行车设备和 CCTV。

（2）能够进行运营前行车设备状态检查。

（3）能够监控列车运行情况，监控车站客流变化，监控设备运行状态。

（4）能够读懂和运用运营时刻表，监控运行图执行，监控全线列车位置。

（5）能够熟练操作手摇道岔。

（6）能够熟练操作消防环控系统。

（7）能够熟练操作 IBP、车站联锁设备和信号控制系统。

（8）能够组织运营前供电检查、信号设备测试、确认运营线路出清，特殊情况下信号显示。

3. 素质目标

（1）培养吃苦耐劳、爱岗敬业、遵纪守法的职业道德。

（2）形成较强的轨道交通企业纪律意识，具备良好的心理素质和抗压能力。

（3）培养较强的服从意识。

（4）培养安全生产知识和责任意识，保证工作质量，具有较强的服务意识，提高乘客满意度。

（5）培养良好的团队合作精神和人际交往能力，具备较强的工作执行能力，高效完成工作。

六、参考学时与学分

参考学时：72 学时。

参考学分：4 学分。

七、课程结构

城市轨道交通行车组织课程结构如表 2－7 所示。

表 2－7 城市轨道交通行车组织课程结构

序号	学习任务	职业能力	知识、技能、态度要求	教学活动设计	学时
1	行车监控	11－02－01、11－02－02、11－02－04、11－02－05、11－02－06、11－02－07、11－02－08、12－01－02	①能够监控行车设备和 CCTV ②能够监控列车运行情况，监控车站客流变化，监控设备运行状态 ③能够读懂和运用运营时刻表，监控运行图执行，监控全线列车位置	任务 1：行车设备监控 任务 2：列车运行和车站客流监控 任务 3：运行图执行监控	22
2	行车信号设备操作	12－02－10、12－02－11、13－01－01、13－01－02、13－01－03、13－03－01	①能够熟练操作手摇道岔 ②能够熟练操作消防环控系统 ③能够熟练操作 IBP，熟练操作车站联锁设备，熟练操作信号控制系统 ④能够进行特殊情况下信号显示	任务 1：手摇道岔 任务 2：信号设备操作 任务 3：特殊情况下信号显示	30
3	运营前检查	11－02－03、13－02－01、13－02－02、13－02－03、	①能够进行运营前行车设备状态检查 ②能够组织运营前供电检查、信号设备测试、确认运营线路出清	任务 1：运营前行车设备检查 任务 2：运营前供电检查 任务 3：运营前信号设备测试和线路出清	20
合 计					72

注：“职业能力”栏目下的职业能力编码与本书“附录 1．轨道交通运营管理专业职业能力分析表”中的编码对应。

八、资源开发与利用

（一）教材编写与使用

（1）教材编写必须依据本课程标准，教材应充分体现任务引领、实践导向的课程设计思想。

（2）教材应以各项学习任务的需要，以及实际工作岗位的操作规程，并结合职业技能鉴定考证材料来组织编写，体现以应用为目的，引入的理论知识以必需、够用为度，增加实践内容，强调理论在实践过程中的应用。

（3）教材应图文并茂，提高学生的学习兴趣。教材表达必须精练、准确、科学。教材中活动设计的内容要具体，并具有可操作性。

（4）教材内容应体现先进性、通用性、实用性，要将本专业新技术、新工艺、新材料及行业标准等内容及时纳入教材，使教材更贴近本专业的发展和实际需要。

（二）数字化资源开发与利用

（1）注重案例和多媒体教学资源的收集、整理及开发，丰富课程教学资源。利用实物和多媒体教学资源创设形象生动的工作情境，激发学生的学习兴趣，促进学生对相关知识的理解掌握。

（2）搭建和利用网络教学平台，建立该课程的网络教学数据库，积极开发和利用网络课程资源，提高课程资源利用率，促进教学效果的不断提高。

（3）建立开放式实训中心，具备现场教学、实训、职业技能证书考证的功能，实现教学与实训合一、教学与培训合一、教学与考证合一，满足对学生职业能力培养的要求。

（4）条件成熟时开展开放实训室活动，支持学生开展课外科学创新活动，鼓励支持学生参加技能竞赛等活动，提高学生的创新能力。

九、教学建议

（一）教学方法

建议采取工学结合、理论教学与实践教学并重的方式开展教学活动。在教学过程中，注重采用现场教学、案例教学和多媒体辅助教学的教学方法。所用案例应充分考虑工学结合的需求，并与专业所依托行业相应岗位的工作实际紧密结合。通过多媒体课件的开发，充分积累课程资源，有效拓展课堂信息量，适当增加课程的趣味性，努力激发学生的学习兴趣和主动性，切实提高学习效果。在实践教学中，注重真案真做，实践内容与工作实际紧密结合，增强解决实际问题的能力，并增加对行业及岗位实际的认识。鼓励学生通过实践操作提高专业技能。

（二）教学条件

1. 软硬件条件

（1）制作与教材配套的多媒体课件、微课视频。

（2）积极开发和利用网络课程资源。

（3）配置教学一体化实训室，最好能够提供环境仿真软件。

（4）配置校外企业实训基地供学生实训。

2. 师资条件

对任课教师的基本要求：

（1）职业能力要求：能够实际操作、演示示范相关实操内容。

（2）知识结构要求：精通城市轨道交通行车组织课程教学内容。

（3）需要有相关专业背景，能定期对相关设备进行维护。

十、教学评价

（1）改革传统的学生评价手段和方法，采用阶段性评价、过程性评价与目标评价相结合，理论与实践一体化的评价模式。

（2）关注评价的多元性，结合平时纪律、学习主动性、知识掌握情况、任务完成情况综合评定学生成绩。

（3）应注重对学生分析问题、解决问题能力的考核，对在学习和应用上有创新的学生应予以特别鼓励，全面综合评价学生能力。

（撰稿人：李俊辉、黎新华、郭英明）

中高职衔接高职学段：城市轨道交通客运组织课程标准

一、课程名称

城市轨道交通客运组织。

二、适用专业

既适用于中高职衔接的高职轨道交通运营管理专业，又适用于高职轨道交通运营管理专业。

三、课程性质

本课程是中高职衔接高职学段城市轨道交通运营管理专业针对站务员岗位开设的一门必修专业核心课程。其任务是培养学生在学会相关理论知识的基础上，掌握地铁车站技术设备、服务设备的使用及操作程序，日常客流、大客流的客流组织方法，车站票务作业及票务事务处理办法，等等，也为学习后续专业课程提供必要的预备知识。

四、课程设计

本课程以高职城市轨道交通运营管理专业主要面向的站务员、值班员、值班站长等车站一线岗位对客运组织职业能力的要求为依据，根据车站设备、日常客流组织与引导、大客流组织、票务业务处理、票务安全管理、客运事故处理、票务业务运作等主要工作任务构建课程内容体系，结合高职职业教育对理论知识的需要，将城市轨道交通站务员资格证书的要求融入课程，设计车站设备操作、三级客流控制、票务设备和系统操作、票务办理等工作项目，通过校内实训设备和企业现场实训完成项目训练，实现对学生城市轨道交通车站设备操作、客流组织和引导、票务业务办理、客运事故处理的基本技能和综合素质的培养。

五、课程教学目标

通过本课程的教学，要求学生掌握城市轨道交通客运组织技能与技巧，熟知规章规范，学会操作车站机电设备与票务设备，学会票务安全管理和票务业务运作，并学以致用。培养严谨务实的处理问题与解决问题的能力，锻炼真诚、优秀的沟通能力。

1. 知识目标

（1）了解扶梯运作状态，会查询故障代码。

（2）会进行危险品识别。

（3）熟知液压梯设备操作流程。

（4）熟知扶梯设备操作流程。

（5）熟知残疾人牵引梯设备操作流程。
（6）掌握设备的开启关闭。
（7）掌握执行突发客流情况下的客流组织方案。
（8）熟悉客流组织步骤。
（9）了解站控的使用条件。
（10）掌握线控方法。
（11）熟悉客流网控方法。
（12）掌握组织单方向越站的车站客流方法。
（13）能分析客流特征。
（14）掌握环控（BAS 系统）应急模式运行操作。
（15）掌握消防（FAS 系统）（温感、烟感及报警按钮、复位等）操作。
（16）熟悉车站全方位监控（车站监控系统的操作及日常监控）。
（17）掌握审查优惠票的方法。
（18）熟悉各类车票的异同。
（19）掌握识别硬币真伪方法。
（20）掌握正确识别现金方法。
（21）掌握票务审批方法。

2. **能力目标**

（1）能组织大型活动客流。
（2）能控制节假日客流。
（3）能进行票据、票务报表及台账的保管、上交。
（4）能审核票务报表。
（5）能操作闸机设备。
（6）能进行 BOM 售票。
（7）能进行车票的分析处理。
（8）能操作一、二、三级客流控制。
（9）能引导线控客流，并接收控制命令。
（10）能执行常态化客流组织情况下的客流组织方案。
（11）能进行乘客退票处理。
（12）能进行无效票处理。
（13）能进行其他异常车票处理。
（14）能判断 AFC 设备故障。
（15）能判断 TVM 设备故障。
（16）能完成票务纸质报表的填写。

3. **素质目标**

（1）培养学生团队协作能力、人际协调能力。
（2）培养良好的职业素质、优秀的沟通能力。
（3）培养服务意识，真诚服务，微笑服务。

(4) 树立“易人、易地、易性”服务原则。
(5) 树立规范、准确、认真负责的工作作风。

六、参考学时与学分

参考学时：72 学时。
参考学分：4 学分。

七、课程结构

城市轨道交通客运组织课程结构如表 2－8 所示。

表 2－8　城市轨道交通客运组织课程结构

序号	学习任务	职业能力	知识、技能、态度要求	教学活动设计	学时
1	车站设备	09－04－01、09－04－02、09－04－03、09－04－04、09－04－05、09－04－08、09－04－09、09－04－10	①学会环控（BAS 系统）、PIS（乘客信息系统）发送乘客信息、照明系统控制操作 ②学会进行通风系统操作，学会车站温度、湿度控制 ③学会消防（FAS 系统）（温感、烟感及报警按钮、复位等）操作 ④学会车站全方位监控（车站监控系统的操作及日常监控）	任务 1：车站设备认知 任务 2：BAS 系统操作 任务 3：FAS 系统操作 任务 4：车站监控操作及日常监控方式 任务 5：使用 PIS 发送信息	12
2	日常客流组织与引导	09－02－04、09－02－05、09－03－01、09－03－04	①学会使用车站设施设备，并根据车站客流组织需要对车站设施设备进行合理布局 ②学会使用车站各类指示标志，通过设置指示标志，引导乘客方便、安全、快捷地进出车站及换乘 ③学会运用相关工具及方式，与车站其他员工及乘客进行信息交流 ④学会车站设置的岗位职责，并在具体岗位上执行车站常规客流组织方案，能执行进站客流、换乘客流及出站客流组织方案	任务 1：常态化客流控制方法 任务 2：三级客流控制步骤 任务 3：客流特征分析 任务 4：客流监控及报告 任务 5：关键点客流引导	12

续上表

序号	学习任务	职业能力	知识、技能、态度要求	教学活动设计	学时
3	大客流组织	09-03-02、09-03-05、09-03-06、09-03-07、09-03-08、09-03-09、09-03-10	①学会正确预见与准确判断大客流 ②学会分析影响大客流组织的因素 ③学会大客流时各岗位的岗位职责 ④学会利用车站设施设备及各类指示标志，在车站具体岗位上顺利执行大客流组织方案 ⑤培养良好的团队合作意识，及高度的责任感与服务意识	任务1：大客流组织方法 任务2：线控处理方法 任务3：客流网控	12
4	票务业务处理	04-01、04-02、04-03	①学会票务处理的相关流程和操作 ②学会票务报表填写 ③学会使用AFC设备	任务1：BOM车票分析处理 任务2：AFC设备故障判断 任务3：票务报表填写 任务4：异常车票处理 任务5：无效车票处理 任务6：票务审批处理	10
5	票务安全管理	05-01、05-02、05-03、05-04	①学会票务应急处理处置 ②学会票务安全规定 ③学会车票、现金、票务设备管理 ④学会车站票款、现金、备用金的安全管理方法	任务1：票务规章学习 任务2：车站现金管理及运送 任务3：票务模式区分 任务4：各种免检模式下票务组织 任务5：大客流票务组织	10
6	票务业务运作	06-01、06-02、06-03	①学会进行票务内审 ②学会银行相关业务操作 ③学会票务分析	任务1：票务报表审查 任务2：银行解行操作 任务3：车站票务数据统计 任务4：售票结算	8

续上表

序号	学习任务	职业能力	知识、技能、态度要求	教学活动设计	学时
7	客运事故处理	10－01、10－02	①学会客伤处理规则规定 ②学会客伤处理流程	任务1：客伤处理分类及处理规定 任务2：客伤资料收集 任务3：媒体应对 任务4：乘客安抚 任务5：证据留存	8
合　计					72

注："职业能力"栏目下的职业能力编码与本书"附录1. 轨道交通运营管理专业职业能力分析表"中的编码对应。

八、资源开发与利用

（一）教材编写与使用

（1）教材编写必须依据本课程标准，教材应充分体现任务引领、实践导向的课程设计思想。

（2）教材应以城市轨道交通客运组织领域各项工作任务的需要，以及实际工作岗位的操作规程，并结合职业技能鉴定考证材料来组织编写；教材应体现以应用为目的，引入的理论知识以必需、够用为度，增加实践内容，强调理论在实践过程中的应用。

（3）教材应图文并茂，提高学生的学习兴趣。教材表达必须精练、准确、科学。教材中活动设计的内容要具体，并具有可操作性。

（4）教材内容应体现先进性、通用性、实用性，要将本专业新技术、新工艺、新材料及行业标准等内容及时纳入教材，使教材更贴近本专业的发展和实际需要。

（二）数字化资源开发与利用

（1）注重该课程项目案例和多媒体教学资源的收集、整理及开发，丰富该课程教学资源。利用实物和多媒体教学资源创设形象生动的工作情景，激发学生对学习城市轨道交通客运组织的兴趣，促进学生对相关知识的理解掌握。

（2）搭建和利用网络教学平台，建立该课程的网络教学数据库，积极开发和利用网络课程资源，提高课程资源利用率，促进教学效果的不断提高。

（3）建立本专业开放式实训中心，使之具备现场教学、实训、职业技能证书考证的功能，实现教学与实训合一、教学与培训合一、教学与考证合一，满足对学生职业能力培养的要求。

（4）条件成熟时开展开放实验实训室活动，鼓励支持学生参加客运组织竞赛等活动。

九、教学建议

（一）教学方法

建议采取工学结合、理论教学与实践教学并重的方式开展教学活动。在教学过程中，注重采用现场教学、案例教学和多媒体辅助教学的教学方法。所用案例应充分考虑工学结合的需求，并与专业所依托行业相应岗位的工作实际紧密结合。通过多媒体课件的开发，充分积累课程资源，有效拓展课堂信息量，适当增加课程的趣味性，努力激发学生的学习兴趣和主动性，切实提高本课程的学习效果。在实践教学中，注重真案真做，实践内容与工作实际紧密结合，增强解决实际问题的能力，并增加对行业及岗位实际的认识。鼓励学生通过实践操作提高专业技能和个人素质。

（二）教学条件

1. 软硬件条件

（1）制作与教材配套的多媒体课件、微课视频。

（2）积极开发和利用网络课程资源。

（3）配置教学一体化实训室。

（4）具有 3 家以上地铁的校外企业实训基地供学生实训。

2. 师资条件

对任课教师的基本要求：

（1）职业能力要求：能够实际操作、演示示范相关实操内容。

（2）知识结构要求：精通城市轨道交通客运组织课程教学内容。

（3）需要有相关专业背景、独立的实训室管理经验。

十、教学评价

（1）改革传统的学生评价手段和方法，采用阶段评价、过程性评价与目标评价相结合，项目评价，理论与实践一体化评价的评价模式。

（2）关注评价的多元性，结合平时纪律、学习主动性、知识掌握情况、项目完成情况综合评定学生成绩。

（3）应注重对学生分析问题、解决问题能力的考核，对在学习和应用上有创新的学生应予以特别鼓励，全面综合评价学生能力。该课程的学习成绩可考虑改用课程设计与答辩的方式来进行评定。

（撰稿人：丛　丛、黎新华、王　玫）

中高职衔接高职学段：城市轨道交通运输设备课程标准

一、课程名称

城市轨道交通运输设备。

二、适用专业

既适用于中高职衔接的高职轨道交通运营管理专业，又适用于高职轨道交通运营管理专业。

三、课程性质

本课程是中高职衔接高职学段城市轨道交通运营管理专业针对站务员、客运值班员岗位开设的一门必修专业核心课程。其任务是培养学生在掌握相关理论知识的基础上，掌握对城市轨道交通各项设备的认知、设备基本操作及应急处理，培养学生从事城市轨道交通的基础技能，为学生将来从事本专业工作打下基础。

四、课程设计

本课程以城市轨道交通设备概述，城市轨道交通线路与站场设备，城市轨道交通车辆设备，城市轨道交通信号设备，城市轨道交通通信设备，城市轨道交通供电设备及FAS、BAS 系统等6 个工作项目为中心构建课程内容和知识体系。按照能力训练层层递进的原则，每个任务设计若干实训项目，在完成项目的过程中实现对职业能力的培养。

五、课程教学目标

通过本课程的教学，要求学生能够掌握城市轨道交通运输设备的分类、结构、应用条件及应急处理等，包括线路与站场设备、车辆设备、信号设备、通信设备、供电设备、环控设备及消防设备。通过本课程学习，要求学生树立轨道交通从业基础知识，以及工作过程中的纪律意识、责任意识和服从意识，培养良好的心理素质和抗压能力。

1. 知识目标

（1）熟悉城市轨道交通设备的类型和作用。

（2）了解城市轨道交通隧道、高架线路、车站分类、道岔组成及分类。

（3）认识车辆的分类及发展史、车辆的车体组成及材料、转向架作用及组成、牵引制动系统的组成及作用、钩缓系统的组成、车辆电气设备的组成及作用。

（4）熟悉信号机的显示、轨道电路、计轴的工作原理、联锁的基本概念、点式信号系统运作原理、ATC 系统作用与原理。

（5）理解城市轨道交通通信设备组成、通信设备的架构。

（6）认识供电系统硬件构成、变压器的分类及作用、接触网与接触轨、供电负荷分类。
（7）认识 FAS 系统概念及组成、BAS 系统的组成及作用。

2. **能力目标**

（1）了解城市轨道交通运输设备概述。
（2）了解线路与站场设备设施的基本组成及作用。
（3）了解轨道交通车辆基本组成及作用，常见故障及处理方法。
（4）了解信号系统设备的基本组成及作用，掌握车站信号工作站的应用。
（5）了解通信系统设备基本组成及作用。
（6）了解轨道交通供电设备的基本组成及作用。
（7）了解轨道交通 FAS、BAS 的基本组成及作用，能进行监控及应急处理流程。

3. **素质目标**

（1）培养学生团队协作能力、人际协调能力。
（2）培养良好的动手操作能力。
（3）培养轨道交通安全防护意识。
（4）培养设备故障情况下的应急处理能力。
（5）树立严谨、规范、认真负责的工作作风。

六、参考学时与学分

参考学时：72 学时。
参考学分：4 学分。

七、课程结构

城市轨道交通运输设备课程结构如表 2－9 所示。

表 2－9 城市轨道交通运输设备课程结构

序号	学习任务	职业能力	知识、技能、态度要求	教学活动设计	学时
1	城市轨道交通设备概述	07－01－01、07－02－03、08－02、09－01－01、09－04	①能够熟知城市轨道交通设备的组成 ②熟知城市轨道交通发展史	任务 1：城市轨道交通设备分类 任务 2：城市轨道交通设备的识别 任务 3：城市轨道交通设备设置的场所	6
2	城市轨道交通线路与站场设备	02－03－04、15－01－08、15－04－14	①能够熟知常见线路设备 ②能够熟知站场设备	任务 1：城市轨道交通线路设备 任务 2：线路图画法 任务 3：隧道、高架线路 任务 4：车站分类 任务 5：道岔组成及分类	10

续上表

序号	学习任务	职业能力	知识、技能、态度要求	教学活动设计	学时
3	城市轨道交通车辆设备	11-01-04、11-01-06、15-04-13	①能够掌握车辆的分类及基础知识 ②能够熟知车辆机械设备组成 ③能够熟知车辆转向架组成 ④能够熟知车辆电气设备 ⑤能够掌握车辆牵引制动设备及原理 ⑥能够了解车辆常见故障及处理	任务1：车辆的分类及发展史 任务2：车辆的车体组成及材料 任务3：转向架作用及组成 任务4：牵引制动系统的组成及作用 任务5：钩缓系统的组成 任务6：车辆电气设备组成及作用 任务7：车辆常见故障及处理	14
4	城市轨道交通信号设备	14-01-01、14-01-02、14-01-03、14-01-04、15-01-03、15-01-07、15-01-08、15-01-09、15-01-10、15-01-11、15-01-12、15-01-13	①能够掌握信号机、轨道电路、计轴等基础概念及作用 ②能够掌握联锁概念及其应用 ③能够了解信号系统的分类及发展趋势 ④能够掌握ATC系统组成及各模块作用	任务1：信号机的显示 任务2：轨道电路、计轴的工作原理 任务3：联锁的基本概念及应用 任务4：点式信号系统运作原理 任务5：ATC系统作用与原理 任务6：信号常见故障及处理	12
5	城市轨道交通通信设备	07-01-03、08-02-04、09-02-02	①能够了解通信设备的基本组成 ②能够掌握通信系统的设计原理 ③能够掌握常见通信设备的使用	任务1：通信设备组成 任务2：通信设备的架构 任务3：通信设备的使用	8
6	城市轨道交通供电设备	12-02-04、13-02-01、15-01-04	①能够了解供电系统硬件设备基本组成和作用 ②能够掌握供电环网的基本原理 ③能够掌握变压器、接触网、接触轨等基本概念及原理 ④能够掌握供电系统的接口	任务1：供电系统硬件构成 任务2：变压器的分类及作用 任务3：接触网与接触轨 任务4：供电负荷分类 任务5：供电系统的接口	10

续上表

序号	学习任务	职业能力	知识、技能、态度要求	教学活动设计	学时
7	FAS、BAS系统	08－02－07	①能够了解消防系统的组成及作用 ②能够掌握环境控制与给排水系统的组成及使用 ③能够掌握自动扶梯电梯、屏蔽门系统的构成及使用 ④能够掌握机电设备监控系统和综合监控系统的组成及作用	任务1：FAS系统概念及组成 任务2：BAS系统的组成及作用 任务3：环境控制与给排水系统的功能及使用 任务4：自动扶梯电梯的功能及使用 任务5：屏蔽门系统的功能及使用	12
合　计					72

注：“职业能力”栏目下的职业能力编码与本书“附录1．轨道交通运营管理专业职业能力分析表”中的编码对应。

八、资源开发与利用

（一）教材编写与使用

（1）教材编写必须依据本课程标准，教材应充分体现任务引领、实践导向的课程设计思想。

（2）教材应以各项学习任务的需要，以及实际工作岗位的操作规程，并结合职业技能鉴定考证材料来组织编写，体现以应用为目的，引入的理论知识以必需、够用为度，增加实践内容，强调理论在实践过程中的应用。

（3）教材应图文并茂，提高学生的学习兴趣。教材表达必须精练、准确、科学。教材中活动设计的内容要具体，并具有可操作性。

（4）教材内容应体现先进性、通用性、实用性，要将本专业新技术、新工艺、新材料及行业标准等内容及时地纳入教材，使教材更贴近本专业的发展和实际需要。

（二）数字化资源开发与利用

（1）注重案例和多媒体教学资源的收集、整理及开发，丰富课程教学资源。利用实物和多媒体教学资源创设形象生动的工作情境，激发学生的学习兴趣，促进学生对相关知识的理解掌握。

（2）搭建和利用网络教学平台，建立该课程的网络教学数据库，积极开发和利用网络课程资源，提高课程资源利用率，促进教学效果的不断提高。

（3）建立开放式实训中心，具备现场教学、实训、职业技能证书考证的功能，实现教学与实训合一、教学与培训合一、教学与考证合一，满足对学生职业能力培养的要求。

（4）条件成熟时开展开放实训室活动，支持学生开展课外科学创新活动，鼓励支持学生参加技能竞赛等活动，提高学生的创新能力。

九、教学建议

（一）教学方法

建议采取工学结合、理论教学与实践教学并重的方式开展教学活动。在教学过程中，注重采用现场教学、案例教学和多媒体辅助教学的教学方法。所用案例应充分考虑工学结合的需求，并与专业所依托行业相应岗位的工作实际紧密结合。通过多媒体课件的开发，充分积累课程资源，有效拓展课堂信息量，适当增加课程的趣味性，努力激发学生的学习兴趣和主动性，切实提高本课程的学习效果。在实践教学中，注重真案真做，实践内容与工作实际紧密结合，增强解决实际问题的能力，并增加对行业及岗位实际的认识。鼓励学生通过实践操作提高专业技能和个人素质。

（二）教学条件

1. 软硬件条件

（1）制作与教材配套的多媒体课件、微课视频。

（2）积极开发和利用网络课程资源。

（3）配置教学一体化实训室，最好能够提供环境仿真软件。

（4）配置校外企业实训基地供学生实训。

2. 师资条件

对任课教师的基本要求：

（1）职业能力要求：能够实际操作、演示示范相关实操内容。

（2）知识结构要求：精通城市轨道交通运输设备课程教学内容。

（3）需要有相关专业背景，能定期对相关设备进行维护。

十、教学评价

（1）改革传统的学生评价手段和方法，采用阶段评价、过程性评价与目标评价相结合，项目评价，理论与实践一体化评价的评价模式。

（2）关注评价的多元性，结合平时纪律、学习主动性、知识掌握情况、项目完成情况综合评定学生成绩。

（3）应注重对学生分析问题、解决问题能力的考核，对在学习和应用上有创新的学生应予以特别鼓励，全面综合评价学生能力。该课程的学习成绩可考虑改用课程设计与答辩的方式来进行评定。

（撰稿人：宋以华）

中高职衔接高职学段：城市轨道交通运营安全管理课程标准

一、课程名称

城市轨道交通运营安全管理。

二、适用专业

既适用于中高职衔接的高职城市轨道交通运营管理专业，又适用于高职城市轨道交通运营管理专业。

三、课程性质

本课程是中高职衔接高职学段城市轨道交通运营管理专业的一门专业核心课程。课程旨在培养学生从事城市轨道交通运营安全管理需要具备的城市轨道交通危险源识别与控制、城市轨道交通运营安全事故分析，城市轨道交通运营安全评价、城市轨道交通应急管理等关键能力，为学生将来从事安全管理、安全技术管理等岗位打下基础。

四、课程设计

本课程以轨道交通乘务安全管理、城市轨道交通运营安全管理、城市轨道交通危险源识别与控制、城市轨道交通运营安全技术、城市轨道交通应急设备及突发事件应急救援、城市轨道交通事故和事故处理等6个工作任务为中心组织课程内容，突出对学生职业能力的训练考虑到高等职业教育对理论知识学习的需要，课程融合了城市轨道交通站务员、值班员、司机等岗位的相关职业资格证书对知识、技能和态度的要求，每个工作任务都设计了若干工作项目，将技能的培养融入完成项目的过程中，实现边做边学。

五、课程教学目标

通过工学结合、校企合作的任务驱动型项目活动，培养学生的职业道德、专业技能水平及可持续发展能力，使学生具备交通安全的专业认知能力、交通事故应急处理的专业测试技能，初步形成一定的学习能力和课程实践能力，培养学生诚实、守信、负责、善于沟通和合作的团队意识，及其重质量、守规范和安全意识，提高学生各方面的职业能力。通过理论、实训、实习相融合的教学方式，“教、学、做”相结合，把学生培养成为具有良好职业道德的、具有交通安全管理的理论知识和实践操作技能的人才，以适应市场对城市轨道交通安全管理人才的需求。具体表现在以下几个方面。

1. 知识目标

（1）了解危险源的种类和等级。

（2）了解城市轨道交通运营安全的特点。

（3）掌握各类安全标志、安全色的含义及使用方法。
（4）了解城市轨道交通安全管理的相关法律法规。
（5）掌握行车安全、维修施工作业安全知识。
（6）掌握列车调试方法、实验安全。
（7）掌握基本的机械安全知识、电气安全知识。
（8）掌握消防安全、地铁常见特种设备安全知识。
（9）掌握处理车站设备常见故障的方法和技能。
（10）掌握电气安全的相关知识。
（11）了解地铁常见特种设备的使用方法及作业安全知识。
（12）掌握事故的分类方法和事故处理流程。

2. **能力目标**

（1）熟练识别、查找危险品。
（2）掌握行规等安全生产规章。
（3）学会自我保护和自我调节。
（4）具备及时制止可疑物品或危险品进站乘车能力。
（5）熟知告示牌摆放，以及铁马、围栏等的摆放要求。
（6）掌握施工管理作业办法。
（7）掌握警示牌摆放要求。
（8）掌握扶梯运作状态及查询故障代码。
（9）监控站台设备状况及列车运行状况。
（10）参与编写修订各种灾害应急预案并组织员工进行培训学习。
（11）熟悉消防设备设施、工具等使用，如灭火器、消防铲、消防桶、应急灯担架、绝缘棒、防毒面具等。
（12）熟悉核查作业令内容、施工人员证件，确认施工请、销点条件，与行值共同办理施工请、销点。
（13）熟悉对防爆备品（警械、护盾、防爆桶等）的检查、申领、送修、登记台账。
（14）具备地铁各类突发情况应急事故处理能力。

3. **素质目标**

（1）培养学生团队协作能力、人际沟通协调能力和耐心细致、认真负责的工作作风。
（2）培养良好的职业素质。
（3）培养学生安全意识。
（4）培养学生自我评价和评价他人的能力。
（5）树立全面的质量管理观念和意识。

六、参考学时与学分

参考学时：72 学时。
参考学分：4 学分。

七、课程结构

城市轨道交通运营安全管理课程结构如表 2－10 所示。

表 2－10 城市轨道交通运营安全管理课程结构

序号	学习任务	职业能力	知识、技能、态度要求	教学活动设计	学时
1	轨道交通乘务安全管理	02－03－04、02－03－05、09－03－01、09－03－02、09－03－03、09－03－04、09－03－05、09－03－06	①乘客物品掉落轨道处理 ②乘客携带违禁品处理 ③执行常态化客流组织情况下的客流组织方案 ④执行突发客流情况下的客流组织方案 ⑤熟悉客流组织步骤 ⑥进行常态化客流控制 ⑦进行大型活动客流组织 ⑧熟练掌握节假日客流控制	任务 1：乘客行李检查及危险品处理 任务 2：突发情况下客流组织 任务 3：大客流组织	12
2	城市轨道交通运营安全管理	09－04－08、09－04－09	①消防（FAS 系统）（温感、烟感及报警按钮、复位等）操作 ②车站全方位监控（车站监控系统的操作及日常监控）	任务 1：FAS 系统原理及使用 任务 2：车站 CCTV 监控	6
3	城市轨道交通危险源识别与控制	08－01－01	熟练进行危险品识别熟悉安全关键点或危险源，例如扶梯、出入口、站厅、站台等	任务：危险源查找及排除	6
4	城市轨道交通运营安全技术	09－04－01、14－02－03、14－02－04、14－02－05、16－01－01、16－01－02、16－01－03、16－01－09、16－01－10、16－02－01、16－02－02、16－02－03、16－02－04、16－02－05、	①环控（BAS 系统）应急模式运行操作 ②排列调车作业进路 ③指挥工程车运行 ④安排列车调试 ⑤请点（施工作业核对） ⑥销点（施工作业核对） ⑦理解和执行接收停、送电命令 ⑧设备安全监控（施工完毕后检查所有设备是否正常） ⑨掌握并执行施工管理规定（施工的分类、定义、流程及施工通告）	任务 1：工程车开行 任务 2：施工请销手续演练 任务 3：施工安全防护	20

续上表

序号	学习任务	职业能力	知识、技能、态度要求	教学活动设计	学时
		16－02－06、 16－02－07、 16－02－08	⑩掌握施工管理作业办法 ⑪组织、协调各单位按进度进行施工 ⑫检查施工完毕后的状况 ⑬组织施工组织安全防护 ⑭掌握工程车开行要求 ⑮监管施工人员 ⑯核查施工质量问题 ⑰审核施工		
5	城市轨道交通应急设备及突发事件应急救援	11－01－09、 11－01－11、 15－04－06、 15－04－07、 15－04－09、 15－04－10、 15－04－11、 15－04－13、 15－04－14、 15－04－15	①掌握紧急疏散情况下屏蔽门开启关闭方法 ②掌握紧急疏散情况下端门开启关闭方法 ③熟悉消防设备设施、工具等使用，如灭火器、消防铲、消防桶、应急灯担架、绝缘棒、防毒面具等 ④熟练掌握火灾报警的确认程序 ⑤特殊天气的应急处理，如暴雨、台风、雷电 ⑥掌握沙包、防洪膜的S形摆放方法 ⑦掌握特殊天气时对现场情况的准确汇报 ⑧掌握列车疏散门操作方法 ⑨熟知轨行区安全行走线路图 ⑩应急广播（突发事件情况下及时播放）	任务1：手动开启屏蔽门 任务2：消防器材使用 任务3：恶劣天气下防灾 任务4：使用安全门 任务5：轨行区疏散	20
6	城市轨道交通事故和事故处理	15－03－11、 15－03－16、 15－03－17、 15－05－15、 15－05－16	①熟练掌握客伤处理程序与技巧 ②掌握处理乘客纠纷方法 ③灵活处理乘客投诉 ④协调各单位利用现有资源 ⑤按照应急处理预案对事件进行处置	任务1：客伤应急处理 任务2：处理乘客投诉	8
合　计					72

注："职业能力"栏目下的职业能力编码与本书"附录1. 轨道交通运营管理专业职业能力分析表"中的编码对应。

八、资源开发与利用

（一）教材编写与使用

（1）教材编写必须依据本课程标准，教材应充分体现任务引领、实践导向的课程设计思想。

（2）教材应以城市轨道交通运营领域各项工作任务的需要，以及实际工作岗位的操作规程，并结合职业技能鉴定考证材料来组织编写；教材应体现以应用为目的，引入的理论知识以必需、够用为度，增加实践内容，强调理论在实践过程中的应用。

（3）教材应图文并茂，提高学生的学习兴趣。教材表达必须精练、准确、科学。教材中活动设计的内容要具体，并具有可操作性。

（4）教材内容应体现先进性、通用性、实用性，要将本专业新技术、新工艺、新材料及行业标准等内容及时纳入教材，使教材更贴近本专业的发展和实际需要。

（二）数字化资源开发与利用

（1）注重该课程项目案例和多媒体教学资源的收集、整理及开发，丰富该课程教学资源。利用实物和多媒体教学资源创设形象生动的工作情境，增进学生对城市轨道运营安全生产的意识，提升各项安全技术，促进学生对相关知识的理解掌握。

（2）搭建和利用网络教学平台，建立该课程的网络教学数据库，积极开发和利用网络课程资源，提高课程资源利用率，促进教学效果的不断提高。

（3）建立本专业开放式实训中心，使之具备现场教学、实训、职业技能证书考证的功能，实现教学与实训合一、教学与培训合一、教学与考证合一，满足对学生职业能力培养的要求。

（4）条件成熟时开展开放实验实训室活动，支持学生提升实际操作能力，提升学生应对各类突发事件的处理能力。

九、教学建议

（一）教学方法

建议采取工学结合、理论教学与实践教学并重的方式开展教学活动。在教学过程中，注重采用现场教学、案例教学和多媒体辅助教学的教学方法。所用案例应充分考虑工学结合的需求，并与专业所依托行业相应岗位的工作实际紧密结合。通过多媒体课件的开发，充分积累课程资源，有效拓展课堂信息量，适当增加课程的趣味性，努力激发学生的学习兴趣和主动性，切实提高本课程的学习效果。在实践教学中，注重真案真做，实践内容与工作实际紧密结合，增强解决实际问题的能力，并增加对行业及岗位实际的认识。鼓励学生通过实践操作提高专业技能。

（二）教学条件

1. 软硬件条件

（1）制作与教材配套的多媒体课件、微课视频。

（2）积极开发和利用网络课程资源。

（3）配置教学一体化实训室。

（4）具有3家以上城市轨道类的校外企业实训基地供学生实训。

2. 师资条件

对任课教师的基本要求：

（1）职业能力要求：能够实际操作、演示示范相关实操内容。

（2）知识结构要求：精通城市轨道交通运营安全管理课程的教学内容。

（3）需要有相关专业背景、独立的实训室管理与检修经验，能定期对相关设备进行维护。

十、教学评价

（1）改革传统的学生评价手段和方法，采用阶段评价、过程性评价与目标评价相结合，项目评价，理论与实践一体化评价的评价模式。

（2）关注评价的多元性，结合平时纪律、学习主动性、知识掌握情况、项目完成情况综合评定学生成绩。

（3）应注重对学生分析问题、解决问题能力的考核，对在学习和应用上有创新的学生应予以特别鼓励，全面综合评价学生能力。该课程的学习成绩可考虑改用课程设计与答辩的方式来进行评定。

（撰稿人：郑　锂、彭湘涛）

中高职衔接高职学段：城市轨道交通客运服务课程标准

一、课程名称

城市轨道交通客运服务。

二、适用专业

既适用于中高职衔接的高职城市轨道交通运营管理专业，又适用于高职城市轨道交通运营管理专业。

三、课程性质

本课程是中高职衔接高职学段城市轨道交通运营管理专业针对站务员、客运值班员岗位开设的一门必修专业核心课程。其任务是培养学生在学会相关理论知识的基础上，掌握在城市轨道交通车站客运服务岗位服务技巧、规章制度、处理手段和方法。在形式上打破传统的固定模式，满足“实际、实用、实效”的要求。

四、课程设计

本课程以能力培养为目标，以客运服务形象塑造、服务沟通、乘客事务处理、应急服务、客伤处理、媒体应对等6个工作任务为中心构建课程内容体系，每个任务再设计若干实训项目，让学生在完成具体项目的过程中学会完成相应工作任务，发展职业能力。课程考虑了高等职业教育对理论知识学习的需要，并融合了站务员、值班员等相关职业资格证书对知识、技能和态度的要求。

五、课程教学目标

通过本课程的教学，要求学生学会城市轨道交通车站客运服务技巧与要求，熟知规章规范，掌握正确客运服务要求，学会与乘客沟通的技巧以及乘客事务处理、客伤处理、媒体应对、应急服务方法，并学以致用，培养真诚、友善、灵活、有原则的处理问题与解决问题的能力，锻炼真诚、优秀的沟通能力。

1. **知识目标**

（1）熟知车站客运服务形象要求。

（2）会使用规范的服务语言。

（3）熟知标准服务手势。

（4）掌握“易人、易地、易性”服务原则。

（5）掌握乘客走失、遗失物品处理方法。

（6）掌握处理乘客遗失储值票、现金的方法。

（7）掌握行包超限乘客事务处理方法。

（8）掌握乘客遗失物品处理方法。

（9）掌握乘客物品掉落轨道处理方法。

（10）掌握乘客携带违禁品处理方法。

（11）掌握乘客满意度调查方法。

（12）掌握执行人员服务管理办法。

（13）掌握乘客事务管理规定。

（14）掌握乘客意见卡的收集方法。

（15）掌握乘客意见卡的汇总方法。

（16）掌握乘客投诉的接待方法。

（17）掌握乘客投诉的处理上报方法。

（18）掌握异物掉入轨行区处理方法。

（19）会使用拾物钳、绝缘棒、绝缘靴、绝缘手套等行车备品。

（20）掌握客伤处理程序与技巧。

（21）掌握处理乘客纠纷方法。

（22）掌握公交接驳备品的种类及使用方法。

（23）熟悉消防设备设施、工具（如灭火器、消防铲、消防桶、应急灯担架、绝缘棒、防毒面具等）的使用方法。

（24）熟知火灾报警的确认程序。

（25）熟知特殊天气（如暴雨、台风、雷电）的应急处理。

（26）掌握沙包、防洪膜的S形摆放方法。

（27）掌握乘客疏散技巧。

（28）掌握列车疏散门操作方法。

（29）熟知轨行区安全行走线路图。

2. **能力目标**

（1）能保持上岗精神面貌。

（2）能参与编写修订乘客服务应急预案并组织员工进行培训学习。

（3）能够及时处理客伤事件，寻找和挽留至少两个现场目击证人。

（4）能进行受伤乘客急救及简单医疗处理。

（5）能进行受伤乘客及家属的安抚工作。

（6）能准确报告事件经过。

（7）能灵活处理乘客投诉。

（8）能负责跟进处理暴力袭击及其他综治事件。

（9）能处理乘客纠纷。

（10）能进行特殊天气时对现场情况的准确汇报。

（11）能进行应急广播（突发事件情况下及时播放）。

（12）能进行日常客服工作。

（13）能对乘客投诉及客伤等客服事件进行分析、考核，并对考核方法进行改进。

（14）能执行乘客服务应急预案。
（15）能进行公交接驳的启动。
（16）能监控人性化措施的落实情况。
（17）能执行火灾的应急预案。
（18）能执行地震的应急预案。
（19）能执行水灾的应急预案。
（20）能监控失物的管理。

3. **素质目标**

（1）培养学生团队协作能力、人际协调能力。
（2）培养良好的职业素质、优秀的沟通能力。
（3）培养服务意识，真诚服务、微笑服务。
（4）树立“易人、易地、易性”服务原则。
（5）树立规范、准确、认真负责的工作作风。

六、参考学时与学分

参考学时：36 学时。
参考学分：2 学分。

七、课程结构

城市轨道交通客运服务课程结构如表 2－11 所示。

表 2－11 城市轨道交通客运服务课程结构

序号	学习任务	职业能力	知识、技能、态度要求	教学活动设计	学时
1	客运服务形象塑造	01－01－01、01－01－02、01－01－03、01－01－04	①城市轨道交通客运服务人员仪容 ②学会化妆技巧 ③学会客运服务举止与手势 ④学会站台服务标准操作 ⑤学会客运服务制服与配饰	任务 1：客运服务形象设计 任务 2：仪容仪表训练 任务 3：仪态手势训练 任务 4：化妆实操 任务 5：站台排队候车五部曲 任务 6：接发车程序练习	6

续上表

序号	学习任务	职业能力	知识、技能、态度要求	教学活动设计	学时
2	服务沟通	01－02－02、01－02－03、01－02－06、01－02－07、01－02－08	①学会沟通的基本要求 ②学会乘客服务语言标准 ③学会车站各岗位服务语言技巧 ④学会特殊情况下的服务语言技巧 ⑤学会广播语言	任务1：客运服务语言标准 任务2：乘客沟通技巧 任务3：各岗位服务沟通 任务4：特殊情况服务语言训练 任务5：应急广播 任务6：正常情况下播放车站广播语	6
3	乘客事务处理	02－01、02－03－01、02－03－02、02－03－03、02－03－04、02－03－05、02－05－03	①学会乘客物品遗失处理 ②学会乘客物品掉轨处理 ③学会处理乘客违禁品 ④学会乘客满意度调查 ⑤学会乘客意见卡收集与汇总 ⑥学会行李超限处理 ⑦学会乘客投诉处理技巧 ⑧学会乘客投诉接待方法	任务1：乘客物品遗失处理 任务2：乘客物品掉轨处理 任务3：违禁品处理 任务4：行李超限处理 任务5：乘客满意度调查与汇总 任务6：乘客投诉处理	7
4	应急服务	15－03、15－04	①参与编写修订各种灾害应急预案并组织员工进行培训学习 ②能负责跟进处理暴力袭击及其他综治事件 ③学会消防设备设施、工具等的使用 ④学会火灾报警的确认程序 ⑤学会特殊天气的服务工作 ⑥学会乘客疏散技巧	任务1：应急预案编写 任务2：暴力袭击事件跟进服务 任务3：特殊天气应急服务 任务4：火灾应急服务 任务5：消防设施使用 任务6：乘客疏散演练	7
5	客伤处理	10－01、10－02	①学会客伤事件处理方法 ②学会客伤事件乘客安抚 ③学会客伤事件证据留存	任务1：客伤资料收集 任务2：事件经过书写 任务3：乘客安抚技巧 任务4：证据留存技巧 任务5：客伤信息沟通	6

续上表

序号	学习任务	职业能力	知识、技能、态度要求	教学活动设计	学时
6	媒体应对	15－05－01、15－05－10、15－05－13	①学会灵活应对新闻媒体 ②学会危机公关规章要求 ③学会公共事件处理相关法规	任务1：媒体应对技巧 任务2：公共事件法规 任务3：危机公关规章	4
合　计					36

注：“职业能力”栏目下的职业能力编码与本书“附录1. 轨道交通运营管理专业职业能力分析表”中的编码对应。

八、资源开发与利用

（一）教材编写与使用

（1）教材编写必须依据本课程标准，教材应充分体现任务引领、实践导向的课程设计思想。

（2）教材应以城市轨道交通客运服务领域各项工作任务的需要，以及实际岗位的操作规程，并结合职业技能鉴定考证材料来组织编写；教材应体现以应用为目的，引入的理论知识以必需、够用为度，增加实践内容，强调理论在实践过程中的应用。

（3）教材应图文并茂，提高学生的学习兴趣。教材表达必须精练、准确、科学。教材中活动设计的内容要具体，并具有可操作性。

（4）教材内容应体现先进性、通用性、实用性，要将本专业新技术、新工艺、新材料及行业标准等内容及时纳入教材，使教材更贴近本专业的发展和实际需要。

（二）数字化资源开发与利用

（1）注重该课程项目案例和多媒体教学资源的收集、整理及开发，丰富该课程教学资源。利用实物和多媒体教学资源创设形象生动的工作情境，激发学生对学习城市轨道交通客运服务的兴趣，促进学生对相关知识的理解掌握。

（2）搭建和利用网络教学平台，建立该课程的网络教学数据库，积极开发和利用网络课程资源，提高课程资源利用率，促进教学效果的不断提高。

（3）建立本专业开放式实训中心，使之具备现场教学、实训、职业技能证书考证的功能，实现教学与实训合一、教学与培训合一、教学与考证合一，满足对学生职业能力培养的要求。

（4）条件成熟时开展开放实验实训室活动，鼓励支持学生参加票务竞赛等活动。

九、教学建议

（一）教学方法

建议采取工学结合、理论教学与实践教学并重的方式开展教学活动。在教学过程中，注重采用现场教学、案例教学和多媒体辅助教学的教学方法。所用案例应充分考虑工学结合的需求，并与专业所依托行业相应岗位的工作实际紧密结合。通过多媒体课件的开发，充分积累课程资源，有效拓展课堂信息量，适当增加课程的趣味性，努力激发学习兴趣和主动性，切实提高本课程的学习效果。在实践教学中，注重真案真做，实践内容与工作实际紧密结合，增强解决实际问题的能力，并增加对行业及岗位实际的认识。鼓励学生通过实践操作提高专业技能和个人素质。

（二）教学条件

1. 软硬件条件

（1）制作与教材配套的多媒体课件、微课视频。

（2）积极开发和利用网络课程资源。

（3）配置教学一体化实训室。

（4）具有两家以上地铁的校外企业实训基地供学生实训。

2. 师资条件

对任课教师的基本要求：

（1）职业能力要求：能够实际操作、演示示范相关实操内容。

（2）知识结构要求：精通城市轨道交通客运服务课程教学内容。

（3）需要有相关专业背景、独立的实训室管理经验。

十、教学评价

（1）改革传统的学生评价手段和方法，采用阶段评价、过程性评价与目标评价相结合，项目评价，理论与实践一体化评价的评价模式。

（2）关注评价的多元性，结合平时纪律、学习主动性、知识掌握情况、项目完成情况综合评定学生成绩。

（3）应注重对学生分析问题、解决问题能力的考核，对在学习和应用上有创新的学生应予以特别鼓励，全面综合评价学生能力。该课程的学习成绩可考虑改用课程设计与答辩的方式来进行评定。

（撰稿人：丛　丛、郑　锂、王　玫）

中高职衔接高职学段：城市轨道交通技术管理规章课程标准

一、课程名称

城市轨道交通技术管理规章。

二、适用专业

既适用于中高职衔接的高职城市轨道交通运营管理专业，又适用于高职城市轨道交通运营管理专业。

三、课程性质

本课程是中高职衔接高职学段城市轨道交通运营管理专业必修的一门专业核心课程。该课程对城市轨道交通运营所涉及的主要设备与岗位进行了全面的分析，主要阐述了城市轨道交通的主要岗位职责与作业标准、行车主要设备的操作维护规则，以及安全管理规则等内容。该课程有利于学生全面熟悉城市轨道交通企业运营一线各岗位的管理规则，为学生更快适应企业工作现场打下基础。

四、课程设计

本课程内容的确定以地铁站务员、行车值班员、行车调度员岗位能力培养目标为依据，按照定向配置、动态优化的原则来选择课程内容。在对站务、行车调度员等工作岗位、岗位职责及典型工作任务分析的基础上，选取城市轨道交通调度组织管理、城市轨道交通乘务组织管理、城市轨道交通站务组织管理、城市轨道交通车站主要设备操作维护管理、城市轨道交通其他主要设备操作维护管理、城市轨道交通事故和事故处理、城市轨道交通安全管理、城市轨道交通事故处理规则等工作任务，在每个工作任务下设计若干实训项目，学生通过完成项目掌握每个工作任务的职业能力要求。

五、课程教学目标

通过工学结合、校企合作的任务驱动型项目活动，培养学生的职业道德、专业技能水平及可持续发展能力，使学生掌握城市轨道交通各项运输工作的操作环节和相应的规章制度、标准，初步形成一定的学习能力和课程实践能力，并培养学生诚实、守信、负责、善于沟通和合作的团队意识，及其重质量、守规范和安全意识，提高学生各方面的职业能力，并通过理论、实训、实习相融合的教学方式，“教、学、做”相结合，把学生培养成为具有良好职业道德的、具有交通技术管理的理论知识和实践操作技能的人才，以适应市场对城市轨道交通技术管理人才的需求。具体表现在以下几个方面。

1. **知识目标**

（1）了解城市轨道交通主要的作业岗位和行车设备。

（2）熟知行调、电调、环调的工作内容及职责。

（3）熟知设备维修调度、车辆基地调度的工作内容及职责。

（4）熟知列车司机的岗位要求和作业标准。

（5）熟知乘务工作纪律与列车安全驾驶的基本规定。

（6）熟知行车作业的基本要求和制度。

（7）熟知城市轨道交通主要客运规章制度。

（8）了解车站突发事件应急处理办法。

（9）掌握车站日常消防设备操作与故障处理方法。

（10）掌握自动扶梯、屏蔽门、自动售检票系统操作与故障处理方法。

（11）了解城市轨道交通车辆、接触网、通信信号设备、线路管理运用与检修管理方法。

（12）了解城市轨道交通运输安全管理的途径。

（13）熟知城市轨道交通安全规则。

（14）了解城市轨道交通事故处理规则。

（15）掌握事故的分类方法和事故处理流程。

2. **能力目标**

（1）能够指挥、调度列车。

（2）能够与电力调度员、环控调度员协作保障列车正常运营。

（3）能够下达维修计划、任务书。

（4）熟知列车司机的岗位要求与作业标准。

（5）能组织电动列车在特殊情况下行驶。

（6）熟知列车故障处理程序。

（7）熟知乘务工作纪律与列车安全驾驶的基本规定。

（8）能根据车站行车作业基本要求与制度指挥列车正常运行。

（9）熟知站务人员岗位职责与作业标准。

（10）能根据城市轨道交通主要客运规章制度对乘客进行解释、安抚工作。

（11）能根据车站突发事件应急处理办法处理各类突发情况。

（12）会使用车站日常消防设备并进行基本的故障处理。

（13）能操作自动扶梯并懂得基本的故障处理。

（14）能手动操作屏蔽门并进行故障处理。

（15）能准确使用自动售检票系统并进行基本的故障处理。

（16）能准确判断城市轨道交通车辆基本故障类型。

（17）能协助其他部门对城市轨道交通接触网进行维护与运行管理。

（18）能协助其他部门对城市轨道交通通信信号设备进行维护管理。

（19）能发现城市轨道交通线路常见的病害。

（20）根据城市轨道交通事故处理规则处理各类事故。

（21）具备城市轨道交通事故预防与处理的基本常识。

3. 素质目标

（1）具备主动学习、自我发展能力。
（2）具备分工合作、团队协作能力。
（3）具备与人交流的能力。
（4）具备应急事故的处理能力。
（5）具备综合分析、解决实际问题的能力。
（6）具备开拓创新的能力。
（7）培养学生团队协作能力、人际沟通协调能力和耐心细致、认真负责的工作作风。
（8）培养良好的职业素质。
（9）培养学生的安全意识。
（10）培养学生自我评价和评价他人的能力。
（11）树立全面质量管理观念和意识。
（12）培养遵章守纪的工作作风。

六、参考学时与学分

参考学时：72 学时。
参考学分：4 学分。

七、课程结构

城市轨道交通技术管理规章课程结构如表 2－12 所示。

表 2－12 城市轨道交通技术管理规章课程结构

序号	学习任务	职业能力	知识、技能、态度要求	教学活动设计	学时
1	城市轨道交通调度组织管理	14－02－01、14－02－02、14－02－03、14－02－04、14－02－05	①制订调车作业计划 ②指挥现场调车 ③排列调车作业进路 ④指挥工程车运行 ⑤安排列车调试	任务 1：编制勾计划 任务 2：排列列车进路 任务 3：识别手信号	8
2	城市轨道交通乘务组织管理	02－04－03、02－05－01、02－05－02、02－05－03、15－03－16、15－03－17	①执行乘客事务管理规定 ②掌握乘客投诉的接待流程 ③掌握乘客投诉的处理上报机制 ④监控失物的管理 ⑤掌握处理乘客纠纷方法 ⑥灵活处理乘客投诉	任务 1：乘客投诉处理 任务 2：乘客纠纷处理 任务 3：客伤处理	12

续上表

序号	学习任务	职业能力	知识、技能、态度要求	教学活动设计	学时
3	城市轨道交通站务组织管理	05－03－01、05－03－02、06－01－01、17－01－01、17－02、17－03、17－04－01、17－04－02	①控制硬币流失 ②掌握票务值班工作 ③巡查票务岗位工作 ④接收、传达、归档、整理各类文件，接受上级领导安排工作 ⑤能对绝缘备品进行检查 ⑥能对绝缘备品进行申领 ⑦能对绝缘备品进行送修 ⑧能对绝缘备品进行登记台账 ⑨能对防洪备品（沙包、膨胀袋、抽水泵等）进行检查 ⑩能对防洪备品（沙包、膨胀袋、抽水泵等）进行申领 ⑪能对防洪备品（沙包、膨胀袋、抽水泵等）进行送修 ⑫能对防洪备品（沙包、膨胀袋、抽水泵等）进行登记台账 ⑬能对消防备品（灭火器、防毒面具、空气呼吸器等）进行检查 ⑭能对消防备品（灭火器、防毒面具、空气呼吸器等）进行申领 ⑮能对消防备品（灭火器、防毒面具、空气呼吸器等）进行送修 ⑯能对消防备品（灭火器、防毒面具、空气呼吸器等）进行登记台账 ⑰能对行车备品（信号灯、信号旗、防爆灯、红闪灯、钩锁器等）进行检查 ⑱能对行车备品（信号灯、信号旗、防爆灯、红闪灯、钩锁器等）进行检查、申领、送修、登记台账 ⑲能对行车备品（信号灯、信号旗、防爆灯、红闪灯、钩锁器等）进行申领 ⑳能对行车备品（信号灯、信号旗、防爆灯、红闪灯、钩锁器等）进行检查、申领、送修、登记台账 ㉑能对防暴备品（警械、护盾、防爆桶等）进行送修	任务1：班组巡查记录情况 任务2：物品申领 任务3：各类备品检查 任务4：行车设备台账编制 任务5：物品交接程序 任务6：行车设备台账编制 任务7：设备故障报销程序	16

续上表

序号	学习任务	职业能力	知识、技能、态度要求	教学活动设计	学时
			㉒能对其他安全生产备品（钥匙、撬棍等）进行登记台账 ㉓管理钥匙 ㉔交接登记钥匙 ㉕控制开关站时间 ㉖明确巡查流程 ㉗执行设备操作要求 ㉘明确开关站各岗位的职责 ㉙能严格控制时间节点 ㉚领会开关站流程 ㉛测试开关站前的设备 ㉜熟悉设备故障报修规定，操作设备故障报修系统 ㉝负责故障处理情况的跟进、确认以及反馈		
4	城市轨道交通车站主要设备操作维护管理	04－03－03、04－03－04、04－03－05、07－02－09、08－02－01、08－02－02、08－02－03、08－02－04	①分析车票处理 ②判断 AFC 设备故障 ③判断 TVM 设备故障 ④掌握扶梯运作状态及故障代码查询 ⑤熟练掌握液压梯设备操作流程 ⑥熟练掌握扶梯设备操作流程 ⑦熟练掌握残疾人牵引梯设备操作流程 ⑧熟练掌握设备的开启关闭	任务 1：AFC、TVM 故障处理 任务 2：扶梯、垂直电梯故障代码查询 任务 3：牵引电梯操作	10
5	城市轨道交通其他主要设备操作维护管理	09－04－01、09－04－08、11－01－08、12－02－10、12－02－11、15－01－07、15－01－08	①运行操作环控（BAS 系统）应急模式 ②掌握消防（FAS 系统）［温感、烟感及报警按钮、复位（深铁上报）等］操作 ③掌握 PSL（就地控制盘）互锁解除操作方法 ④熟练操作手摇道岔 ⑤熟练操作消防环控 ⑥掌握信号故障处理 ⑦掌握道岔故障处理	任务 1：BAS 系统应急操作 任务 2：FAS 系统操作 任务 3：PSL 系统操作任务 任务 4：道岔维护 任务 5：信号故障处理	10

续上表

序号	学习任务	职业能力	知识、技能、态度要求	教学活动设计	学时
6	城市轨道交通事故和事故处理	15－01－06、15－04－12、15－05－15、15－05－16	①掌握“先通后复”的处理原则 ②掌握乘客疏散技巧 ③能及时协调各单位利用现有资源 ④能按照应急处理预案对事件进行处置	任务1：公交驳接乘客疏散 任务2：站台火灾演练	6
7	城市轨道交通安全管理	15－03－04、15－03－05、15－05－02、15－05－03、15－05－04、15－05－05、15－05－06、15－05－07	①理解公交接驳备品的种类及使用方法 ②监控人性化措施的落实情况 ③接收应急信息 ④及时传达信息到各有关岗位 ⑤及时向上级部门汇报 ⑥视情况汇报110、120 ⑦使用自动广播，操作人工广播	任务1：突发事件下信息汇报 任务2：人工广播 任务3：向110、120报告事件内容	6
8	城市轨道交通事故处理规则	15－03－11	熟练掌握客伤处理程序与技巧	任务1：安抚乘客 任务2：急救伤害处理	4
合计					72

注：“职业能力”栏目下的职业能力编码与本书“附录1．轨道交通运营管理专业职业能力分析表”中的编码对应。

八、资源开发与利用

（一）教材编写与使用

（1）教材编写必须依据本课程标准，教材应充分体现任务引领、实践导向的课程设计思想。

（2）教材应以城市轨道运营安全生产、管理领域各项工作任务的需要，以及实际工作岗位的操作规程，并结合职业技能鉴定考证材料来组织编写；教材应体现以应用为目的，引入的理论知识以必需、够用为度，增加实践内容，强调理论在实践过程中的应用。

（3）教材应图文并茂，提高学生的学习兴趣。教材表达必须精练、准确、科学。教材中活动设计的内容要具体，并具有可操作性。

（4）教材内容应体现先进性、通用性、实用性，要将本专业新技术、新工艺、新材料及行业标准等内容及时纳入教材，使教材更贴近本专业的发展和实际需要。

（二）数字化资源开发与利用

（1）注重该课程项目案例和多媒体教学资源的收集、整理及开发，丰富该课程教学资源。利用实物和多媒体教学资源创设形象生动的工作情境，激发学生对学习安全运营各项技能的兴趣，促进学生对相关知识的理解掌握。

（2）搭建和利用网络教学平台，建立该课程的网络教学数据库，积极开发和利用网络课程资源，提高课程资源利用率，促进教学效果的不断提高。

（3）建立本专业开放式实训中心，使之具备现场教学、实训、职业技能证书考证的功能，实现教学与实训合一、教学与培训合一、教学与考证合一，满足对学生职业能力培养的要求。

九、教学建议

（一）教学方法

建议采取工学结合、理论教学与实践教学并重的方式开展教学活动。在教学过程中，注重采用现场教学、案例教学和多媒体辅助教学的教学方法。所用案例应充分考虑工学结合的需求，并与专业所依托行业相应岗位的工作实际紧密结合。通过多媒体课件的开发，充分积累课程资源，有效拓展课堂信息量，适当增加课程的趣味性，努力激发学生的学习兴趣和主动性，切实提高本课程的学习效果。在实践教学中，注重真案真做，实践内容与工作实际紧密结合，增强解决实际问题的能力，并增加对行业及岗位实际的认识。鼓励学生通过实践操作提高专业技能。

（二）教学条件

1. 软硬件条件

（1）制作与教材配套的多媒体课件、微课视频。

（2）积极开发和利用网络课程资源。

（3）配置教学一体化实训室。

（4）具有 3 家以上城市轨道类的校外企业实训基地供学生实训。

2. 师资条件

对任课教师的基本要求：

（1）职业能力要求：能够实际操作、演示示范相关实操内容。

（2）知识结构要求：精通城市轨道交通技术管理规章课程的教学内容。

（3）需要有相关专业背景、独立的实训室管理与检修经验，能定期对相关设备进行维护。

十、教学评价

（1）改革传统的学生评价手段和方法，采用阶段评价、过程性评价与目标评价相结合，项目评价，理论与实践一体化评价的评价模式。

（2）关注评价的多元性，结合平时纪律、学习主动性、知识掌握情况、项目完成情况综合评定学生成绩。

（3）应注重对学生分析问题、解决问题能力的考核，对在学习和应用上有创新的学生应予以特别鼓励，全面综合评价学生能力。该课程的学习成绩可考虑改用课程设计与答辩的方式来进行评定。

（撰稿人：彭湘涛、李俊辉、郭英明）

中高职衔接高职学段：
城市轨道交通车站管理实务课程标准

一、课程名称

城市轨道交通车站管理实务。

二、适用专业

既适用于中高职衔接的高职城市轨道交通运营管理专业，又适用于高职城市轨道交通运营管理专业。

三、课程性质

本课程是中高职衔接高职学段城市轨道交通运营管理专业必修的一门专业核心课程。本课程通过剖析城市轨道交通车站运作管理，使学生掌握轨道交通新线车站接管、轨道交通车站设备设施管理、轨道交通车站施工管理、轨道交通车站安全管理、轨道交通车站综合管理、轨道交通车站应急处置等技能，培养学生从事城市轨道交通车站管理的各项技能，为学生将来从事本专业工作打下基础。

四、课程设计

本课程以轨道交通车站设备设施管理、轨道交通车站行车业务管理、轨道交通车站客运业务管理、轨道交通车站票务业务管理、轨道交通车站施工管理、轨道交通车站安全管理、轨道交通车站综合管理等 7 个工作任务为中心构建内容和知识体系。在具体内容的选择上，以值班员、值班站长岗位的综合素质能力的培养为线索，突出对学生职业能力的训练，理论知识的选取紧紧围绕工作任务完成的需要来进行。每个工作任务设计若干训练项目，让学生在完成具体项目的过程中学会完成相应工作任务，并构建相关理论知识，发展职业能力。

五、课程教学目标

通过工学结合、校企合作的任务驱动型项目活动，培养学生的职业道德、专业技能水平及可持续发展能力，使学生掌握城市轨道交通新线车站接管、车站设备设施管理、各类车站运营报表、施工管理等各项规章制度、标准以及工作流程，同时培养学生沟通和合作的团队意识，以及遵章守纪的安全意识。具体表现在以下几个方面。

1. 知识目标

（1）了解城市轨道交通车站岗位设置及职责。

（2）熟知城市轨道交通车站功能。

（3）掌握工程介入的操作流程。
（4）掌握车站三权移交流程。
（5）了解车站设备设施巡视的基本规定。
（6）掌握行车报表的制作。
（7）掌握城市轨道交通车站开关站作业流程。
（8）了解车站用电、动火管理规定。
（9）了解车站施工人员管理规定。
（10）掌握车站施工请、销点作业流程。
（11）掌握车站轨行区安全管理。
（12）掌握车站作业安全。
（13）掌握车站员工管理。
（14）掌握车站保安、保洁管理。
（15）了解车站商户管理制度。
（16）了解车站各类培训体系及演练项目。
（17）了解车站物资备品管理制度。

2. 能力目标

（1）能办理请、销点。
（2）能核查施工质量问题。
（3）熟知安全施工的各项安全保障措施。
（4）熟知区间封锁命令、停送电命令等调度命令。
（5）能处理车站各类日常文件。
（6）能进行人事考勤、日常排班。
（7）熟知6S管理内容。
（8）能评估新线建设影响。
（9）能管理车站商品等资源。
（10）能对车站绝缘备品进行申领、登记、检查、送修。
（11）能对车站防洪备品进行申领、登记、检查、送修。
（12）能对车站消防备品进行申领、登记、检查、送修。
（13）能对车站防爆灯其他备品进行申领、登记、检查、送修。
（14）能在开站前和关站后按照要求巡查车站。
（15）能在开站前调试各类乘客服务设备。
（16）能保修各类操作设备故障并进行跟进、反馈。
（17）能制订本站工作计划。
（18）能汇总本站各模块完成数值、指标。
（19）能组织员工会议并形成会议纪要。
（20）能组织员工进行各类技能培训。
（21）能收集、整理车站各类资料并建档。

3. 素质目标

（1）具备主动学习、自我发展能力。
（2）具备分工合作、团队协作能力。
（3）具备与人交流的能力。
（4）具备应急事故处理能力。
（5）具备综合分析、解决实际问题的能力。
（6）具备开拓创新的能力。
（7）具备统筹协调能力。
（8）培养学生团队协作能力、人际沟通协调能力和耐心细致、认真负责的工作作风。
（9）培养良好的职业素质。
（10）培养学生安全意识。
（11）培养学生自我评价和评价他人的能力。
（12）树立全面质量管理观念和意识。
（13）培养遵纪守法的工作作风。

六、参考学时与学分

参考学时：72 学时。
参考学分：4 学分。

七、课程结构

城市轨道交通车站管理实务课程结构如表 2－13 所示。

表 2－13 城市轨道交通车站管理实务课程结构

序号	学习任务	职业能力	知识、技能、态度要求	教学活动设计	学时
1	轨道交通车站设备设施管理	08－02－02、08－02－03、08－02－04、09－04－01、09－04－08、09－04－09、09－04－10、17－04－01、17－04－02	①掌握扶梯设备操作流程 ②掌握残疾人牵引梯设备操作流程 ③掌握设备的开启关闭 ④能进行环控（BAS 系统）应急模式运行操作 ⑤能进行消防（FAS 系统）［温感、烟感及报警按钮、复位（深铁上报）等］操作 ⑥能全方位监控车站（车站监控系统的操作及日常监控） ⑦能根据现场情况进行客流组织 ⑧熟悉设备故障报修规定，操作设备故障报修系统 ⑨能够跟进、确认以及反馈设备故障处理情况	任务 1：操作残疾人牵引梯设备 任务 2：烟感器复位操作 任务 3：电梯设备故障处理	10

续上表

序号	学习任务	职业能力	知识、技能、态度要求	教学活动设计	学时
2	轨道交通车站行车业务管理	11－01－01、11－01－07、11－01－08、12－01－02、13－01－01、13－01－02、13－01－03、13－02－01、13－02－02、13－02－03、14－01－01、14－01－02、14－01－03、14－01－04、14－01－05、15－01－13、15－02－01	①能够执行接发列车程序 ②掌握PSL（端头控监机）系统操作方法 ③掌握PSL系统互锁解除操作方法 ④读懂和运用运营时刻表 ⑤能熟练操作IBP系统 ⑥能熟练操作车站联锁设备 ⑦能熟练操作信号控制系统 ⑧能组织运营前供电检查 ⑨能组织运营前信号设备测试 ⑩掌握运营线路出清要求 ⑪会使用调度电话 ⑫能组织列车运营前检查 ⑬能进行运营中的监视和调度 ⑭会使用ATS调度系统 ⑮会使用无线广播 ⑯能在紧急情况下协助值班站长清客、电话闭塞法行车双确认 ⑰掌握并执行票务设备故障下的应急预案（TVM系统故障、闸机故障、停电）	任务1：PSL系统操作 任务2：IBP系统操作 任务3：监督进路运行情况 任务4：操作各作业的信号设备 任务5：办理电话闭塞 任务6：演练闸机故障 任务7：演练设备故障报销程序	12
3	轨道交通车站客运业务管理	02－05－01、02－05－02、02－05－03、17－03－01、17－03－02、17－03－03、17－03－04、17－03－05、17－03－06、17－03－07	①能对乘客投诉进行接待 ②能处理上报乘客投诉 ③能管理监控失物 ④能控制开关站时间 ⑤能明确巡查流程 ⑥能执行设备操作要求 ⑦掌握明确开关站各岗位的职责 ⑧掌握时间节点控制 ⑨掌握开关站流程 ⑩能测试开关站前的设备	任务1：接待乘客投诉 任务2：运营前和运营后车站巡视 任务3：运营前设备调试	10

续上表

序号	学习任务	职业能力	知识、技能、态度要求	教学活动设计	学时
4	轨道交通车站票务业务管理	05－03－01、 05－03－02、 05－03－04、 05－03－05、 05－03－06、 05－03－07、 06－01－01、 06－01－02、 06－02－03、 06－03－01、 06－03－02、 06－03－03、 06－03－04、	①能控制硬币流失 ②能协助票务值班工作 ③能保管车站车票与现金 ④能配发车站车票与现金 ⑤能结算车站车票与现金 ⑥能管理票务备品台账 ⑦能进行票务岗位工作巡查 ⑧能与银行进行解行 ⑨掌握申领车站硬币备用 ⑩掌握售票结算 ⑪掌握车站票务数据统计 ⑫能根据票务统计分析客流特征 ⑬掌握上报车站票务收入作业程序	任务1：保管、交接车票和现金 任务2：巡视站务员岗位 任务3：统计票务数据生成报表	10
5	轨道交通车站施工管理	16－01－01、 16－01－02、 16－01－03、 16－01－09、 16－01－10、 16－02－01、 16－02－02、 16－02－03、 16－02－04、 16－02－05、 16－02－06、 16－02－07、 16－02－08	①能办理请点（施工作业核对） ②能办理销点（施工作业核对） ③能理解和执行接收停、送电命令 ④能进行设备安全监控（施工完毕后检查所有设备是否正常） ⑤掌握并执行施工管理规定（施工的分类、定义、流程及施工通告） ⑥掌握施工管理作业办法 ⑦能及时组织、协调各单位按进度进行施工 ⑧能检查施工完毕后的状况 ⑨能组织施工安全防护 ⑩掌握工程车开行规定 ⑪能监管施工作业人员，能核查施工质量问题 ⑫能审核施工作业程序	任务1：核对施工命令 任务2：办理请销点手续 任务3：协调施工单位作业 任务4：监管、核查施工作业 任务5：办理工程车开行	12

续上表

序号	学习任务	职业能力	知识、技能、态度要求	教学活动设计	学时
6	轨道交通车站安全管理	15－03－04、15－03－05、15－03－11、15－03－16、15－03－17、15－04－07、15－04－09、15－04－10、15－04－11、15－04－12、15－04－13、15－04－14、15－04－15、15－05－02、15－05－03、15－05－04、15－05－05、15－05－06、15－05－07、15－05－09、15－05－15、15－05－16	①熟知公交接驳流程 ②掌握备品的种类及使用方法 ③能够监控人性化措施的落实情况 ④熟练掌握客伤处理程序与技巧 ⑤掌握处理乘客纠纷方法 ⑥灵活处理乘客投诉 ⑦熟练掌握火灾报警的确认程序 ⑧能进行特殊天气的应急处理，如暴雨、台风、雷电 ⑨掌握沙包、防洪膜的S形摆放方法 ⑩掌握特殊天气时对现场情况的准确汇报 ⑪掌握乘客疏散技巧 ⑫掌握列车疏散门操作方法 ⑬熟知轨行区安全行走线路图 ⑭会应急广播（突发事件情况下及时播放） ⑮能接收应急信息 ⑯能及时传达信息到各有关岗位 ⑰能及时向上级部门汇报 ⑱能视情况汇报110、120 ⑲会使用自动广播 ⑳会操作人工广播 ㉑能进行PIDS（车站、列车）的信息发布 ㉒能及时协调各单位利用现有资源 ㉓能按照应急处理预案对事件进行处置	任务1：客商处理操作 任务2：特殊天气下的车站应急处理 任务3：大客流乘客疏散 任务4：紧急情况汇报演练 任务5：发布公众信息	8
7	轨道交通车站综合管理	17－01－01、17－02－01、17－02－02、17－02－03、17－02－04、17－02－05、17－02－06、17－02－07、17－02－08、	①能接收、传达、归档、整理各类文件，接受上级领导安排工作 ②能检查绝缘备品 ③能申领绝缘备品 ④能送修绝缘备品 ⑤能对绝缘备品进行登记台账 ⑥能对防洪备品（沙包、膨胀袋、抽水泵等）进行检查 ⑦能对防洪备品（沙包、膨胀袋、抽水泵等）进行申领	任务1：制作、管理各类报表、台账 任务2：车站物品的申领、登记、保管、保修程序 任务3：钥匙管理	10

续上表

序号	学习任务	职业能力	知识、技能、态度要求	教学活动设计	学时
		17-02-09、17-02-10、17-02-11、17-02-12、17-02-13、17-02-14、17-02-15、17-02-16、17-02-17、17-02-18、17-02-19、17-02-20	⑧能对防洪备品（沙包、膨胀袋、抽水泵等）进行送修 ⑨能对防洪备品（沙包、膨胀袋、抽水泵等）进行登记台账 ⑩能对消防备品（灭火器、防毒面具、空气呼吸器等）进行检查 ⑪能对消防备品（灭火器、防毒面具、空气呼吸器等）进行申领 ⑫能对消防备品（灭火器、防毒面具、空气呼吸器等）进行送修 ⑬能对消防备品（灭火器、防毒面具、空气呼吸器等）进行登记台账 ⑭能对行车备品（信号灯、信号旗、防爆灯、红闪灯、钩锁器等）进行检查 ⑮能对行车备品（信号灯、信号旗、防爆灯、红闪灯、钩锁器等）进行检查、申领、送修、登记台账 ⑯能对行车备品（信号灯、信号旗、防爆灯、红闪灯、钩锁器等）进行申领 ⑰能对行车备品（信号灯、信号旗、防爆灯、红闪灯、钩锁器等）进行检查、申领、送修、登记台账 ⑱能对防暴备品（警械、护盾、防爆桶等）进行送修 ⑲能对其他安全生产备品（钥匙、撬棍等）进行登记台账 ⑳能进行钥匙管理 ㉑能准确交接登记钥匙		
合　计					72

注：“职业能力”栏目下的职业能力编码与本书“附录1. 轨道交通运营管理专业职业能力分析表”中的编码对应。

八、资源开发与利用

（一）教材编写与使用

（1）教材编写必须依据本课程标准，教材应充分体现任务引领、实践导向的课程设计思想。

（2）教材应以城市轨道运营安全生产、管理领域各项工作任务的需要，以及实际工作岗位的操作规程，并结合职业技能鉴定考证材料来组织编写；教材应体现以应用为目的，引入的理论知识以必需、够用为度，增加实践内容，强调理论在实践过程中的应用。

（3）教材应图文并茂，提高学生的学习兴趣。教材表达必须精练、准确、科学。教材中活动设计的内容要具体，并具有可操作性。

（4）教材内容应体现先进性、通用性、实用性，要将本专业新技术、新工艺、新材料及行业标准等内容及时纳入教材，使教材更贴近本专业的发展和实际需要。

（二）数字化资源开发与利用

（1）注重该课程项目案例和多媒体教学资源的收集、整理及开发，丰富该课程教学资源。利用实物和多媒体教学资源创设形象生动的工作情境，激发学生对学习安全运营各项技能的兴趣，促进学生对相关知识的理解掌握。

（2）搭建和利用网络教学平台，建立该课程的网络教学数据库，积极开发和利用网络课程资源，提高课程资源利用率，促进教学效果的不断提高。

（3）建立本专业开放式实训中心，使之具备现场教学、实训、职业技能证书考证的功能，实现教学与实训合一、教学与培训合一、教学与考证合一，满足对学生职业能力培养的要求。

九、教学建议

（一）教学方法

建议采取工学结合、理论教学与实践教学并重的方式开展教学活动。在教学过程中，注重采用现场教学、案例教学和多媒体辅助教学的教学方法。所用案例应充分考虑工学结合的需求，并与专业所依托行业相应岗位的工作实际紧密结合。通过多媒体课件的开发，充分积累课程资源，有效拓展课堂信息量，适当增加课程的趣味性，努力激发学生的学习兴趣和主动性，切实提高本课程的学习效果。在实践教学中，注重真案真做，实践内容与工作实际紧密结合，增强解决实际问题的能力，并增加对行业及岗位实际的认识。鼓励学生通过实践操作提高专业技能。

（二）教学条件

1. 软硬件条件

（1）制作与教材配套的多媒体课件、微课视频。

（2）积极开发和利用网络课程资源。

（3）配置教学一体化实训室。

（4）具有3家以上城市轨道类的校外企业实训基地供学生实训。

2. 师资条件

对任课教师的基本要求：

（1）职业能力要求：能实际操作、演示示范相关实操内容。

（2）知识结构要求：精通城市轨道交通车站管理实务课程的教学内容。

（3）需要有相关专业背景、独立的实训室管理与检修经验，能定期对相关设备进行维护。

十、教学评价

（1）改革传统的学生评价手段和方法，采用阶段评价、过程性评价与目标评价相结合，项目评价，理论与实践一体化评价的评价模式。

（2）关注评价的多元性，结合平时纪律、学习主动性、知识掌握情况、项目完成情况综合评定学生成绩。

（3）应注重对学生分析问题、解决问题能力的考核，对在学习和应用上有创新的学生应予以特别鼓励，全面综合评价学生能力。该课程的学习成绩可考虑改用课程设计与答辩的方式来进行评定。

（撰稿人：丛　丛、郑　锂、王　玫）

高本衔接城市轨道交通运营管理专业课程标准

高本衔接高职学段：管理学课程标准

一、课程名称

管理学。

二、适用专业

既适用于高本衔接的高职城市轨道交通运营管理专业，又适用于高职城市轨道交通运营管理专业。

三、课程性质

本课程是高本衔接高职学段城市轨道交通运营管理专业必修的专业基础课程。其任务是培养学生在会相关理论知识的基础上，会地铁车站技术设备、服务设备的使用及操作程序；日常客流、大客流的客流组织方法；车站票务作业及票务事务处理办法；等等，也为学习后续专业课程提供必要的预备知识。

四、课程设计

本课程以管理活动与管理者（概述）、管理思想、计划决策、组织职能、领导职能、控制职能、企业观察等 7 个工作任务为中心构建内容和知识体系。在具体内容的选择上，以值班员、值班站长岗位的综合素质能力的培养为线索，突出对学生通用能力的训练，理论知识的选取紧紧围绕工作任务完成的需要来进行。每个工作任务设计若干训练项目，让学生在完成具体项目的过程中学会完成相应工作任务，并构建相关理论知识，发展职业能力。

五、课程教学目标

1. **知识目标**

（1）了解管理系统的基础知识，包括管理的概念、属性，管理主体、管理对象与环境、管理机制与方法，管理职能等。

（2）掌握管理思想，包括管理思想的演进过程、最新趋势，管理原理、组织文化等。

（3）掌握计划、组织、领导、控制的概念、类型、地位、作用、方法步骤等的知识。

2. **能力目标**

（1）培养观察环境，分析界定问题的能力。

（2）培养创新与科学决策的能力。

（3）培养科学运筹，配置资源，制订计划的能力。

（4）培养分析组织结构与职权关系，制定组织规范的能力。

（5）培养招聘、应聘，考核与奖酬的能力。

（6）培养树立权威，有效指挥的能力。

（7）培养有效激励，调动人的积极性的能力。

（8）培养协调关系和与他人沟通的能力。

（9）培养人员组合与团队建设的能力。

（10）培养对工作有效控制的能力。

（11）培养搜集与处理信息的能力。

（12）培养总结与评价的能力。

3. **素质目标**

（1）在以实际操作过程为主的项目教学过程中，锻炼学生的团队合作能力、专业技术交流的表达能力。

（2）制订工作计划的方法能力。

（3）获取新知识、新技能的学习能力。

（4）解决实际问题的工作能力。

六、参考学时与学分

参考学时：72 学时。

参考学分：4 学分。

七、课程结构

管理学课程结构如表 2－14 所示。

表 2－14　**管理学课程结构**

序号	学习任务	职业能力	知识、技能、态度要求	教学活动设计	学时
1	管理活动与管理者（概述）	18－01－01、18－01－02、18－01－03、18－02－01、18－02－02、18－02－03、18－02－04	①掌握管理的含义及目标 ②掌握管理者的分类、职责、素质与技能要求 ③理解掌握管理的基本职能、属性和适用范围 ④理解环境分类、组织环境的适应与控制 ⑤初步培养对管理的艺术性和技能性的感悟 ⑥认知并有意识培养自己的管理素质 ⑦能运用管理机制分析与解决实际管理问题	任务1：管理者分类、素质技能要求认知 任务2：管理职能认知	12
2	管理思想	26－10－03、26－10－06、26－10－12	①掌握古典理论与人际关系论的主要思想 ②掌握管理理论发展的主要理论及最新管理趋势 ③具有初步应用现代理念和理论分析与处理实际管理问题的能力 ④促进自身管理理念的更新	任务1：管理理论的主要思想认知 任务2：最新管理趋势的更新	12
3	计划决策	18－01－01、18－01－02、18－01－03、18－02－01、18－02－02、18－02－03、18－02－04、18－03－01、18－03－02、18－03－03	①掌握决策的分类、程序与方法的知识 ②了解计划的类型，理解计划职能的程序 ③掌握目标的分析与制定 ④制订有关计划的方案 ⑤掌握创造性思维与创新方法 ⑥掌握盈亏平衡法、乐观法、悲观法、折中法、最大后悔值最小法 ⑦分析和界定管理问题的能力 ⑧创新与运筹的能力 ⑨决策能力 ⑩编制计划书的能力	任务1：计划类型和职能 任务2：目标管理法 任务3：计划方案制定	12

续上表

序号	学习任务	职业能力	知识、技能、态度要求	教学活动设计	学时
4	组织职能	19－01－01、19－01－02、19－01－03、19－01－04、19－02－01、19－02－02、19－02－03、19－02－04、19－02－05、19－03－01、19－03－02、19－03－03	①掌握组织结构的内容 ②职务设计的概念和表现形式 ③管理幅度和管理层次的概念及关系 ④部门化的概念及形式 ⑤集权与分权、直线职权与参谋职权的概念 ⑥常见的组织结构形式及其特点 ⑦组织结构设计的过程和方法 ⑧掌握职务设计的形式和人员配备过程 ⑨掌握部门划分的方法 ⑩掌握组织协调的手段 ⑪掌握组织职权的关系，能判断组织集权还是分权，能区别组织直线职权和参谋职权 ⑫识别组织的组织结构形式，并能分析其优劣	任务1：组织结构分类 任务2：管理幅度与层次 任务3：部门化 任务4：集权分权	10
5	领导职能	26－01、26－03、26－05、26－10	①了解有关领导概念，掌握领导方式理论 ②掌握权力形成机制与运用要领 ③掌握指挥的形式与要领 ④掌握激励的理论与方法 ⑤掌握沟通传播的方法与艺术 ⑥掌握人际交往与工作协调的艺术 ⑦掌握说服与交涉的策略 ⑧掌握群体管理的原理与艺术 ⑨掌握团队建设的理论与要领 ⑩培养提高自身权威与有效运用权力的能力 ⑪培养有效指挥的能力 ⑫培养激励员工的能力 ⑬培养人际交往与沟通的能力 ⑭培养协调与交涉的能力 ⑮培养化解冲突，构建和谐的能力 ⑯培养团队建设的能力	任务1：激励理论 任务2：团队建设 任务3：沟通	10

续上表

序号	学习任务	职业能力	知识、技能、态度要求	教学活动设计	学时
6	控制职能	26－06、26－08	①了解控制职能的含义和管理控制的基本类型 ②掌握控制的要领、过程与方法 ③了解控制的基本原则 ④培养初步的部门总体控制能力 ⑤培养运用现代控制方法的能力	任务1：控制职能 任务2：控制过程	8
7	企业观察	26－06、26－10	运用所学，从计划、组织、领导、控制等四个职能方面管理本次活动，提高学生综合管理技能和水平	任务1：案例分析 任务2：管理技能运用	8
合 计					72

注："职业能力"栏目下的职业能力编码与本书"附录1. 轨道交通运营管理专业职业能力分析表"中的编码对应。

八、资源开发与利用

（一）教材编写与使用

（1）教材编写必须依据本课程标准，教材应充分体现任务引领、实践导向的课程设计思想。

（2）教材应以城市轨道交通行业的工作任务的需要，涵盖管理基础的基本理论知识；教材应体现以应用为目的，引入的理论知识以必需、够用为度，增加实践内容，强调理论在实践过程中的应用。

（3）教材应图文并茂，提高学生的学习兴趣。教材表达必须精练、准确、科学。教材中活动设计的内容要具体，并具有可操作性。

（二）数字化资源开发与利用

（1）注重该课程项目案例和多媒体教学资源的收集、整理及开发，丰富该课程教学资源。利用案例和多媒体教学资源创设形象生动的工作情景，激发学生学习管理学的兴趣，促进学生对相关知识的理解。

（2）搭建和利用网络教学平台，建立该课程的网络教学数据库，积极开发和利用网络课程资源，提高课程资源利用率，促进教学效果的不断提高。

九、教学建议

（一）教学方法

教学以调动学生的积极性为核心。除讲授、提问、学生分析、讨论等常用的方法外，还结合管理课程的特点，适应高职的要求，探索并完善以参与式、体验式、交互式和模拟教学等实践教学为基本形式的多种方法。主要教学方法有：

（1）头脑风暴法。针对讲授中、案例中、学生身边提出的管理问题，由学生应用所学知识，放开思路，大胆分析，提出自己的见解与解决方案。

（2）多媒体教学。本课程全程使用多媒体教学，有的重点案例采取视频播放方式，以增强感染力，并要制作有利于学生学习与训练的助学课件，最终建立系统性、立体化的多媒体课件体系。

（3）案例分析。案例分析是管理学教学联系实际的特色形式，应引起教师的高度重视。本教案均采用较为典型的、具有学生讨论与研究余地的案例。进行案例分析时，既可以采用由学生独立分析，再以书面作业完成的分散方式；又可以采用先分小组讨论，后到课堂上全班讨论的集中形式。其中，后一种方式主要用于对重点案例进行分析。教师的指导要重点放在引导学生寻找正确的分析思路和对关键点的多视角观察上，而不是用自己的观点影响学生。教师对案例分析的总结，不是对结果或争论下结论，而是对学生们的分析进行归纳、拓展和升华。

（4）角色扮演。给出一定的案例或要解决的管理问题，由学生扮演其中的角色（也可轮流扮演），设身处地地分析与解决所面临的问题。学生从所扮演角色的角度出发，运用所学知识，自主分析与决策，以提高学生实际决策的技能。

（5）情景模拟。由师生共同选择案例，并编写脚本，由学生进行演出，一是展示所要解决的管理关系与矛盾，二是由角色扮演者现场处理所要解决的问题。演出结束后，全班同学进行评议，分析各扮演者处理是否得当，并提出更好的建议。可以分组进行，也可以轮流扮演有关角色。这种方法可提供更有价值的仿真环境，并且使学生对不断变化与发展的管理问题进行动态的分析与决策，对于训练学生的管理意识与实际管理技能具有重要的作用。

（6）管理游戏。游戏围绕着对技能的学习和使用而展开，它帮助参与者思考、反应、操作，更重要的是会有很多启迪，通过一个完整的游戏过程，让他们在非正式的、非紧迫的情景下学会技巧。

（7）管理沙龙。这是针对管理课程的特点而尝试的一种特殊的教学方式。一般是针对某个特定的管理问题，事先进行较为充分的准备；然后，学生们在轻松的氛围中进行畅谈，相互启发，也可以讨论各种思路，并于事后形成文字材料。

（二）教学条件

1．软硬件条件

（1）制作与教材配套的多媒体课件、微课视频。

（2）积极利用网络课程资源。

（3）配置教学一体化实训室。

2．师资条件

对任课教师的基本要求：

（1）职业能力要求：能够实际操作、演示示范相关实操内容。

（2）知识结构要求：精通管理学课程教学内容。

（3）需要有相关专业背景、独立的实训室管理经验。

十、教学评价

（1）改革传统的学生评价手段和方法，采用阶段评价、过程性评价与目标评价相结合，项目评价，理论与实践一体化评价的评价模式。

（2）关注评价的多元性，结合平时纪律、学习主动性、知识掌握情况、项目完成情况综合评定学生成绩。

（3）应注重学生分析问题、解决问题能力的考核，对在学习和应用上有创新的学生应予特别鼓励，全面综合评价学生能力。该课程的学习成绩可考虑改用课程设计与答辩的方式来进行评定。

（撰稿人：丛　丛）

高本衔接高职学段：运输经济学课程标准

一、课程名称

运输经济学。

二、适用专业

既适用于高本衔接的高职城市轨道交通运营管理专业，又适用于高职城市轨道交通运营管理专业。

三、课程性质

本课程是高本衔接高职学段城市轨道交通运营管理专业必修的专业基础课程。通过该课程的学习，使学生掌握交通运输需求、供给、运输市场等交通运输企业管理的基本知识，掌握交通运输投资项目评估、运输成本分析、运输价格制定等企业管理技能。

四、课程设计

本课程以交通运输需求基础、旅客与货运运输需求、城市交通出行需求、交通运输供给基础、交通运输基础设施与运载工具供给、城市公共交通供给、交通运输市场及外部性与政府作用、交通运输成本、交通运输价格、交通运输项目投资评价、交通运输固定资产折旧与设备更新、交通运输企业经济活动分析等工作任务为中心构建课程内容体系，在课程教学方法和教学手段设计上，以项目组织教学，并让学生在完成具体项目的过程中学会完成相应工作任务，根据高职学生的认知规律和知识基础，采用启发式、互动式、讨论式教学方法，并在若干教学单元中使用角色扮演、模拟案例、模拟流程、模拟情景等方式实施情景化教学，并以此锻炼学生自主探索、合作学习的能力。

五、课程教学目标

通过工学结合、校企合作的任务驱动型项目活动培养学生良好的职业道德、专业技能水平、可持续发展能力，使学生掌握运输需求和运输供给的基本规律，学会将运输市场、运输成本和运输价格等知识应用于运输企业管理，掌握交通运输项目投资评估、运输企业人力资源管理等技能和方法。具体表现在以下几个方面。

1. **知识目标**

（1）能理解交通运输需求的表示与变化。

（2）理解个人选择与消费者行为。

（3）理解旅客运输需求及弹性。

（4）理解货物运输需求及弹性。

(5) 理解交通运输市场特征和市场均衡。
(6) 理解垄断与竞争、市场中的博弈与决策。
(7) 认识交通运输外部性与市场失灵。
(8) 理解政府的经济职能与政策作用。
(9) 认识交通运输供给的表示和变化。
(10) 理解厂商生产活动规律。
(11) 能够区分公共物品、俱乐部物品、私人物品和公共资源。
(12) 理解各类基础设施建设模式、交通运输基础设施特许专营权模式。

2. 能力目标

(1) 能开展旅客运输和货物运输需求弹性分析。
(2) 掌握运载工具提升效率的方法。
(3) 能够提出城市公共交通发展策略与模式。
(4) 掌握交通出行方式选择和交通需求管理。
(5) 掌握交通运输成本计算与分析的方法。
(6) 能够运用运价制定策略结合实际案例制定运价。
(7) 掌握资金时间价值及等值计算、投资评价计算的方法。
(8) 能够开展项目的不确定性分析。
(9) 能够开展项目投资评价。
(10) 掌握交通运输固定资产损耗计算方法。
(11) 能够计算交通运输固定资产折旧。
(12) 能够进行设备更新与设备更新决策。
(13) 掌握人力资源管理与效率分析的方法。
(14) 能够进行运载工具运用指标分析。
(15) 能够开展运输企业经济效益分析。

3. 素质目标

(1) 增长学生的见识，激发学生对企业经营管理的兴趣。
(2) 培养学生理性思维，学会用数学计算方法分析实际问题。
(3) 拓展视野，培养行业敏感度。
(4) 培养问题处理能力，资料分析能力。
(5) 培养学生团队合作的能力。

六、参考学时与学分

参考学时：72 学时。
参考学分：4 学分。

七、课程结构

运输经济学课程结构如表 2－15 所示。

表 2－15 运输经济学课程结构

序号	学习任务	职业能力	知识、技能、态度要求	教学活动设计	学时
1	运输需求	18－02－04	①理解交通运输需求的内涵 ②能够结合具体案例开展需求弹性分析 ③理解效用、消费者剩余等概念 ④掌握旅客运输需求弹性分析 ⑤掌握货物运输需求特征及规律 ⑥理解交通需求管理的对策和方法	任务 1：交通运输需求的表示与变化 任务 2：需求弹性分析 任务 3：个人选择与消费者行为 任务 4：旅客运输需求及弹性 任务 5：货物运输需求及弹性 任务 6：交通出行方式选择和交通需求管理	12
2	运输供给	21－02－04	①认识交通运输供给的表示和变化 ②理解厂商生产活动规律 ③能够区分公共物品、俱乐部物品、私人物品和公共资源 ④理解各类基础设施建设模式 ⑤理解交通运输基础设施特许专营权模式 ⑥掌握提升运载工具效率的方法 ⑦理解城市公共交通发展策略与模式	任务 1：交通运输供给的表示与变化 任务 2：供给弹性分析和厂商生产活动分析 任务 3：公共物品 任务 4：交通运输基础设施的特性和构成 任务 5：交通运输基础设施特许专营权模式 任务 6：运载工具的效率与使用寿命 任务 7：城市公共交通发展策略与模式	8
3	交通运输市场	26－03－01	①理解交通运输市场特征和市场均衡 ②理解垄断与竞争、市场中的博弈与决策 ③认识交通运输外部性与市场失灵 ④理解政府的经济职能与政策作用	任务 1：交通运输市场与市场均衡 任务 2：垄断与竞争、市场中的博弈与决策 任务 3：交通运输外部性与市场失灵 任务 4：政府的经济职能与政策作用	10

续上表

序号	学习任务	职业能力	知识、技能、态度要求	教学活动设计	学时
4	运输成本与运输价格	18-02-02	①掌握交通运输成本计算与分析的方法 ②能够运用运价制定策略结合实际案例制定运价	任务1：交通运输成本构成与特点 任务2：交通运输成本计算与分析 任务3：运价制定策略	10
5	交通运输项目投资评价	20-01-01、20-01-02	①掌握资金时间价值及等值计算、投资评价计算 ②能够开展项目的不确定性分析 ③能够开展项目投资评价	任务1：资金时间价值及等值计算、投资评价计算 任务2：不确定性分析和项目投资评价	12
6	交通运输固定资产折旧与设备更新	26-06-01、26-06-02	①掌握交通运输固定资产损耗计算方法 ②能够计算交通运输固定资产折旧 ③能够进行设备更新与设备更新决策	任务1：交通运输固定资产损耗 任务2：交通运输固定资产折旧、设备更新与设备更新决策	12
7	交通运输企业经济活动分析	26-07-03	①掌握人力资源管理与效率分析的方法 ②能够进行运载工具运用指标分析 ③能够开展运输企业经济效益分析	任务1：人力资源管理与效率分析 任务2：运载工具运用指标分析 任务3：运输企业经济效益分析	8
合　计					72

注："职业能力"栏目下的职业能力编码与本书"附录1. 轨道交通运营管理专业职业能力分析表"中的编码对应。

八、资源开发与利用

（一）教材编写与使用

（1）教材编写必须依据本课程标准，教材应充分体现任务引领、实践导向的课程设计思想。

（2）教材应以运输企业经营管理、运输投资项目评价等各项工作任务的需要，将运输经济学需要掌握的知识和技能点系统的组织教材内容；教材应体现以应用为目的，引入的理论知识以必需、够用为度，增加实践内容，强调理论在实践过程中的应用。

（3）教材应图文并茂，提高学生的学习兴趣。教材表达必须精练、准确、科学。教材中活动设计的内容要具体，并具有可操作性。

（4）教材内容应体现先进性、通用性、实用性，要将本专业新技术、新工艺、新材料及行业标准等内容及时纳入教材，使教材更贴近本专业的发展和实际需要。

（二）数字化资源开发与利用

（1）课程应开发足够的动画、仿真和微课等数字化资源，尤其是对运输经济学中的基本概念和原理应有能够演示的动画。

（2）搭建和利用网络教学平台，建立该课程的网络教学数据库，积极开发和利用网络课程资源，提高课程资源利用率，促进教学效果的不断提高。

（3）建立本专业开放式实训中心，使之具备现场教学、实训、职业技能证书考证的功能，实现教学与实训合一、教学与培训合一、教学与考证合一，满足对学生职业能力培养的要求。

九、教学建议

（一）教学方法

建议采取工学结合、理论教学与实践教学并重的方式开展教学。在教学中，注重现场教学、案例教学和多媒体辅助教学。所用案例应充分考虑工学结合的需求，并与专业所依托行业相应岗位的工作实际紧密结合。通过多媒体课件的开发，充分积累课程资源，有效拓展课堂信息量，适当增加课程的趣味性，努力激发学习兴趣和主动性，切实提高本课程的学习效果。在实践教学中，注重真案真做，实践内容与工作实际紧密结合，增强解决实际问题的能力，并增加对行业及岗位实际的认识。鼓励学生通过实践操作提高专业技能。

（二）教学条件

1. 软硬件条件

（1）制作与教材配套的多媒体课件、微课视频。

（2）积极开发和利用网络课程资源。

（3）配置教学一体化实训室。

（4）具有3家以上运输类企业供学生实训。

2. 师资条件

对任课教师的基本要求：

（1）职业能力要求：能实际操作、演示示范相关实操内容。

（2）知识结构要求：精通运输经济学课程的教学内容。

（3）需要有相关专业背景、独立的实训室管理与检修经验，能定期对相关设备进行维护。

十、教学评价

（1）改革传统的学生评价手段和方法，采用阶段评价、过程性评价与目标评价相结合，项目评价，理论与实践一体化评价的评价模式。

（2）关注评价的多元性，结合平时纪律、学习主动性、知识掌握情况、项目完成情况综合评定学生成绩。

（3）应注重学生分析问题、解决问题能力的考核，对在学习和应用上有创新的学生应予特别鼓励，全面综合评价学生能力。该课程的学习成绩可考虑改用课程设计与答辩的方式来进行评定。

（撰稿人：李俊辉）

高本衔接高职学段：城市轨道交通车辆课程标准

一、课程名称

城市轨道交通车辆。

二、适用专业

既可适用高本衔接的高职城市轨道交通运营管理专业，又可适用于高职城市轨道交通运营管理专业。

三、课程性质

本课程是高本衔接高职学段城市轨道交通运营管理专业必修的专业基础课程。其任务是培养学生在掌握相关理论知识的基础上，会辨识地铁车辆类型、车辆构造组成、车辆运行基本原理、车辆的选型与应用、车辆常见故障及处理等，也为学习后续专业课程提供必要的预备知识。

四、课程设计

本课程以车辆及车体概述、车门结构原理及应急、转向架结构及应用、连接装置的技术参数及应用、牵引传动及辅助供电系统、制动系统组成及概述、列车控制和诊断系统、车载乘客信息系统与车辆内装、车辆动力学与噪声等工作任务为中心构建课程内容体系，每个工作任务设计典型的教学项目，让学生在完成具体项目的过程中学会完成相应工作任务，并构建相关理论知识，发展职业能力。

五、课程教学目标

通过本课程的教学，要求学生掌握城市轨道交通客运组织技能与技巧，熟知规章规范，学会操作车站机电设备与票务设备，学会票务安全管理和票务业务运作，并学以致用。培养严谨务实的处理问题与解决问题能力，锻炼真诚、优秀的沟通能力。

1. 知识目标

（1）熟悉车辆的基本概念与分类。

（2）熟悉车辆发展现状与趋势。

（3）熟悉车体的组成。

（4）掌握车体常见材料分类。

（5）了解车体的基本作用。

（6）掌握车门的类型。

（7）掌握车门基本结构、控制原理。

（8）了解转向架的作用与分类。
（9）了解转向架基本结构。
（10）了解一系、二系悬挂的作用与结构。
（11）了解轮对、轴箱的作用及结构。
（12）掌握牵引、制动等转向架各模块内容。
（13）掌握车钩的类型及应用。
（14）掌握全/半自动车钩、半永久牵引杆技术参数。
（15）了解贯通道作用与结构。
（16）熟悉车辆牵引系统工作状态。
（17）掌握制动的类型与应用。
（18）掌握电制动原理及分类，气制动形式及应用。
（19）理解电空制动转换原理。
（20）掌握受流器类型及应用。
（21）了解供风单元组成。
（22）掌握 PIS 概念及应用。
（23）熟悉辅助电源系统概念及原理。
（24）了解常见车辆故障类型。

2. 能力目标

（1）能识别车辆类型。
（2）能识别车体各部分组成。
（3）能判断车门故障类型。
（4）能配合其他岗位处理车门故障。
（5）能掌握车辆故障连挂与解钩的基本原理。
（6）能判断贯通位置，熟知安全注意事项。
（7）能识别受电弓、集电靴故障现象。
（8）能判断气缸打风与车辆异响。
（9）能检查判断 PIS 显示及故障。
（10）能判断列车运行过程中异响。
（11）能判断二系悬挂位置。
（12）能理解车钩在不同场景的应用。
（13）能理解车辆运行过程中制动措施。
（14）能理解车辆各种制动方式的应用。
（15）能熟悉车辆辅助电源系统，及各设备用电参数。
（16）了解常见车辆故障的处理原则。
（17）了解车门故障处理的流程。
（18）了解车辆异响判断流程。

3. 素质目标

（1）培养学生团队协作能力、人际协调能力。

（2）培养良好的职业素质、优秀的沟通能力。
（3）培养服务意识，真诚服务、微笑服务。
（4）树立“易人、易地、易性”服务原则。
（5）树立规范、准确、认真负责的工作作风。

六、参考学时与学分

参考学时：72 学时。
参考学分：4 学分。

七、课程结构

城市轨道交通车辆课程结构如表 2－16 所示。

表 2－16 城市轨道交通车辆课程结构

序号	学习任务	职业能力	知识、技能、态度要求	教学活动设计	学时
1	车辆及车体概述	04－04－01、04－04－02、07－02－09	①理解城市轨道交通概念 ②根据车辆的制式，判断车辆分类 ③地铁车辆分类 ④车体组成 ⑤车体材料 ⑥车体发展趋势	任务 1：判断车辆的类型 任务 2：判断地铁车辆的分类 任务 3：车体各部分组成	8
2	车门结构原理及应急	11－01－05、11－01－06、11－01－07、11－01－08	①车门分类，按照驱动方式和按照用途分类 ②车门结构 ③车门控制原理 ④车门故障及处理	任务 1：判断车门的类型及应用 任务 2：熟悉车门控制的原理 任务 3：车门解锁方法及缓解的流程 任务 4：车门常见故障及应急处理	10
3	转向架结构及应用	08－02－01、08－02－02、08－02－03、08－02－04	①转向架的分类，按照有无动力、车轴数目等 ②转向架的基本作用 ③转向架的基本结构 ④转向架悬挂方式，一系悬挂、二系悬挂 ⑤轮对、轴箱、构架装置 ⑤转向架牵引传动装置 ⑦转向架故障	任务 1：转向架作用实现的原理分析 任务 2：转向架的故障及处理 任务 3：转向架的故障检测方法 任务 4：转向架实物拆装	10

续上表

序号	学习任务	职业能力	知识、技能、态度要求	教学活动设计	学时
4	连接装置的技术参数及应用	04－04－01、04－04－02、11－01－08	①连接装置：车钩及缓冲装置、贯通道、跨接电缆 ②密接车钩与非密接车钩分类 ③自动车钩、半自动车钩及半永久牵引杆，结构与原理 ④贯通道结构	任务1：车钩在列车中的应用及分类 任务2：车钩连挂及解钩的方式与方法 任务3：列车故障救援连挂流程	10
5	牵引传动及辅助供电系统	08－02－01、08－02－02、08－02－03、08－02－04	①牵引传动系统的组成及三种工作状态 ②受流器的基本结构，受电弓与集电靴 ③牵引传动系统的基本组成	任务1：牵引状态 任务2：受电弓基本功能实现 任务3：牵引系统动力传递	6
6	制动系统组成及概述	14－01、14－02、17－02、17－03	①制动类型，电制动、气制动及分类 ②供风单元 ③电阻制动、再生制动的原理 ④制动方式分类	任务1：制动装置识别 任务2：电制动的分类及原理 任务3：电空转换原理	8
7	列车控制和诊断系统	07－02－09、11－01－05、11－01－06、11－01－07	①列车控制和诊断系统结构及功能 ②列车诊断系统分类	任务1：列车诊断系统基本原理 任务2：列车完整性的理解	6
8	车载乘客信息系统与车辆内装	05－01、05－02、09－02、09－03、09－04	①广播系统，系统构成，系统功能，优先级，相关设备 ②监控系统（客室、司机室、火灾报警）构成，系统功能，相关设备 ③车体内装，驾驶室内装	任务1：广播系统的应用，PIS的应用 任务2：辨认车辆内装的各部件	8

续上表

序号	学习任务	职业能力	知识、技能、态度要求	教学活动设计	学时
9	车辆动力学与噪声	02－03、02－04、09－03、09－04	①振动的原因及基本形式 ②轮轨间的接触及滚动理论 ③车辆蛇行运动的稳定性 ④车辆运行时的振动分析 ⑤车辆的曲线通过噪声的评价方法与评价指标 ⑥控制与降低噪声的措施	任务1：判断正常振动与异常振动的流程 任务2：噪音来源判断流程	6
合　计					72

注：“职业能力”栏目下的职业能力编码与本书“附录1. 轨道交通运营管理专业职业能力分析表”中的编码对应。

八、资源开发与利用

（一）教材编写与使用

（1）教材编写必须依据本课程标准，教材应充分体现任务引领、实践导向的课程设计思想。

（2）教材应满足城市轨道交通车辆的基本教学需要，可用广泛应用的B型车等为例介绍车辆基本构造，结合运营管理的应用为目的，引入的理论知识以必需、够用为度，增加实践内容，强调理论在实践过程中的应用。

（3）教材应图文并茂，提高学生的学习兴趣。教材表达必须精练、准确、科学。教材中活动设计的内容要具体，并具有可操作性。

（4）教材内容应体现先进性、通用性、实用性，要将本专业新技术、新工艺、新材料及行业标准等内容及时纳入教材，使教材更贴近本专业的发展和实际需要。

（二）数字化资源开发与利用

（1）注重该课程项目案例和多媒体教学资源的收集、整理及开发，丰富该课程教学资源。利用实物和多媒体教学资源创设形象生动的工作情景，激发学生的学习城市轨道交通客运组织的兴趣，促进学生对相关知识的理解。

（2）搭建和利用网络教学平台，建立该课程的网络教学数据库，积极开发和利用网络课程资源，提高课程资源利用率，促进教学效果的不断提高。

（3）建立本专业开放式实训中心，使之具备现场教学、实训、职业技能证书考证的功能，实现教学与实训合一、教学与培训合一、教学与考证合一，满足对学生职业能力培养的要求。

（4）条件成熟时开展开放实验实训室活动，鼓励支持学生参加客运组织竞赛等活动。

九、教学建议

（一）教学方法

建议采取工学结合、理论教学与实践教学并重的方式开展教学。在教学中，注重现场教学、案例教学和多媒体辅助教学。所用案例应充分考虑工学结合的需求，并与专业所依托行业相应岗位的工作实际紧密结合。通过多媒体课件的开发，充分积累课程资源，有效拓展课堂信息量，适当增加课程的趣味性，努力激发学习兴趣和主动性，切实提高本课程的学习效果。在实践教学中，注重真案真做，实践内容与工作实际紧密结合，增强解决实际问题的能力，并增加对行业及岗位实际的认识。鼓励学生通过实践操作提高专业技能和个人素质。

（二）教学条件

1. 软硬件条件

（1）制作与教材配套的多媒体课件、微课视频。

（2）积极开发和利用网络课程资源。

（3）配置教学一体化实训室。

（4）具有3家以上地铁的校外企业实训基地供学生实训。

2. 师资条件

对任课教师的基本要求：

（1）职业能力要求：能够实际操作、演示示范相关实操内容。

（2）知识结构要求：精通城市轨道交通车辆课程教学内容。

（3）需要有相关专业背景、独立的实训室管理教师。

十、教学评价

（1）改革传统的学生评价手段和方法，采用阶段评价，过程性评价与目标评价相结合，项目评价，理论与实践一体化评价模式。

（2）关注评价的多元性，结合平时纪律、学习主动性、知识掌握情况、项目完成情况综合评价学生成绩。

（3）应注重学生分析问题、解决问题能力的考核，对在学习和应用上有创新的学生应予特别鼓励，全面综合评价学生能力。该课程的学习成绩可考虑改用课程设计与答辩的方式来进行评定。

（撰稿人：宋以华）

高本衔接本科学段：城市轨道交通专业英语课程标准

一、课程名称

城市轨道交通专业英语。

二、适用专业

既适用于高本科衔接的本科轨道交通运营管理专业，又适用于本科的轨道交通运营管理专业。

三、课程性质

本课程是高本衔接本科学段轨道交通运营管理专业必修的一门学科基础课程，旨在通过本课程的学习，使学生熟悉轨道交通运营管理方向的一些基本英语表达方法，对轨道交通运营管理岗位中常见的、重点的词汇和功能句型进行掌握和演练。其任务是通过英语科技论文、说明文以及一些特殊工作场景英语的教学，让学生掌握基本的语法，客运服务、站务、线路、车辆等方面的英语基础词汇及一定数量的专业术语，并能够在工作中运用英语进行交流和进行基本的科技英语写作。通过本课程的学习，还可以培养学生学习和工作的态度，提高与人沟通、合作的能力。

四、课程设计

本课程以 Greeting Passengers and Making Introduction 问候与介绍、Thanks and Apologies 感谢与致歉、Providing Information and Offering Help 提供信息与帮助、Asking the Way and Giving Directions 问路与指路、Step into the Subway 步入地铁、Station Equipment 车站设备、Platform Service 站台服务、Ticket office 票务、Broadcasting 地铁广播、Security 安全运营等工作任务为中心构建课程内容体系，在课程教学方法和教学手段设计上，以项目组织教学，并让学生在完成具体项目的过程中学会完成相应工作任务，在若干教学单元中使用角色扮演、模拟案例、模拟流程、模拟情景等方式实施情景化教学，并以此锻炼学生自主探索、合作学习的能力。

五、课程教学目标

通过本课程的教学，学生了解城市轨道交通的相关知识，巩固基础知识，掌握城市轨道交通控制专业词汇的读、写和翻译，具备阅读和翻译相关英语书籍和科技资料的能力，使学生在涉外交际的日常活动和业务活动中可以进行简单的口头和书面交流，并为今后进一步提高城市轨道交通专业英语交流应用能力打下基础。

1. **知识目标**

（1）会用英语打招呼和介绍自己。

（2）懂得用英语主动询问乘客是否需要服务。
（3）会用英语表达感谢与致歉。
（4）掌握礼貌的英语表达方式。
（5）会运用地铁中的设备。
（6）能为乘客用英语提供地铁相关信息。
（7）会用英语问路和指路。
（8）能及时给地铁乘客用英语指路。
（9）能自信地用英语为乘客提供帮助。
（10）掌握地铁设备的一些英文专业术语。
（11）能用英语介绍当地的地铁服务、岗位设置以及地铁线路图。
（12）会区分一些相似的地铁车站设备。
（13）会读懂英文地铁服务标识。
（14）能理解地铁中的英文广播。
（15）掌握地铁票务的操作流程。
（16）能用英语告诉其他人在地铁如何使用票务。
（17）会进行地铁英语广播。
（18）掌握地铁广播相关的英文词汇。
（19）了解地铁中的英文安全标志。
（20）了解地铁安检的重要性并能用英文解释。

2．能力目标

（1）掌握轨道交通运营类专业的基础词汇及一定数量的专业术语。
（2）能够在工作中运用英语进行交流。
（3）能够进行基本的科技英语写作，能够将科技成果转化成英文科技论文。

3．素质目标

（1）热爱轨道交通事业，具备较高的科学文化素养和良好的身体素质。
（2）有良好的职业道德和全心全意为旅客服务的意识，以及团队合作精神。
（3）掌握轨道交通客运服务方面的知识，业务娴熟。

六、参考学时与学分

参考学时：32 学时。
参考学分：2 学分。

七、课程结构

城市轨道交通专业英语课程结构如表 2 - 17 所示。

表 2 - 17　城市轨道交通专业英语课程结构

序号	学习任务	职业能力	知识、技能、态度要求	教学活动设计	学时
1	Greeting Passengers and Making Introduction 问候与介绍	01 - 01 - 02、 01 - 02 - 02、 26 - 09 - 01、 26 - 09 - 02、 26 - 09 - 03、 26 - 09 - 04	①Introduce yourself to others ②Identify yourself from the others	任务驱动，学生先学范文，给定任务，学生上台自我介绍	4
2	Thanks and Apologies 感谢与致歉	26 - 09 - 01、 26 - 09 - 02、 26 - 09 - 03、 26 - 09 - 04	①Express thanks and apologize to others ②Try to be polite to others at anytime and in anywhere	知识记忆型，以课堂讨论法为主，注重区别和特征	2
3	Providing Information and Offering Help 提供信息与帮助	01 - 01 - 02、 01 - 02 - 02、 01 - 02 - 06、 01 - 02 - 08、 02 - 03 - 01、 26 - 09 - 01、 26 - 09 - 02、 26 - 09 - 03、 26 - 09 - 04	①Knowing how to use the equipment in the subway ②Providing information to visitors about subway	以练习为主，以学生为主导，结合角色扮演吸引学生主动学习	4
4	Asking the Way and Giving Directions 问路与指路	01 - 01 - 02、 01 - 02 - 02、 01 - 02 - 06、 01 - 02 - 08、 02 - 03 - 01、 26 - 09 - 01、 26 - 09 - 02、 26 - 09 - 03、 26 - 09 - 04	①Asking the way when you're lost ②Giving out correct directions when others ask for help ③Trying to be confident when you use your limited English to help others	在多媒体教室采用集中讲授、分组练习、角色扮演等方法教学	4

续上表

序号	学习任务	职业能力	知识、技能、态度要求	教学活动设计	学时
5	Step into the Subway 步入地铁	02－03－01、26－01－01、26－01－03、26－09－01、26－09－02、26－09－03、26－09－04	①Remember some words about subway ②Introduce the subway service, job positions and subway route map in your own city ③Be friendly and helpful when you serve passengers	课堂讲授为主，结合图片、视频讲解	2
6	Station Equipment 车站设备	01－02－06、01－02－08、02－03－01、26－09－01、26－09－02、26－09－03、26－09－04	①Remember some words about station equipment ②Identify some common station equipments	过程导向，学生分组模拟练习	4
7	Platform Service 站台服务	02－03－01、15－03－08、26－09－01、26－09－02、26－09－03、26－09－04	①Know more about the services in the subway ②Understand some service signs ③Understand the radio in the subway	课堂讲授，学生分组角色扮演	2
8	Ticket office 票务	01－01－02、01－02－02、01－02－06、01－02－08、02－03－01、26－09－01、26－09－02、26－09－03、26－09－04	①Know about ticket office in subway ②Tell others how to use ticket office in subway ③Remember the words about ticket office	课堂讲授，学生分组角色扮演	4
9	Broadcasting 地铁广播	09－04－06、15－04－15、15－05－07、26－09－01、26－09－02、26－09－03、26－09－04	①Understand English broadcasting in the subway ②Broadcast when needed ③Use vocabularies related to broadcasting	在多媒体教室采用集中讲授、分组练习、角色扮演等方法教学	2

续上表

序号	学习任务	职业能力	知识、技能、态度要求	教学活动设计	学时
10	Security 安全运营	09－04－06、 15－04－15、 15－05－07、 26－01－01、 26－01－03、 26－09－01、 26－09－02、 26－09－03、 26－09－04	① Understand the signs of security in the subway ② Understand why we make security checking ③ Know other ways to keep safe in the subway	对学生进行口语测试	4
合　计					32

注：“职业能力”栏目下的职业能力编码与本书“附录1. 轨道交通运营管理专业职业能力分析表”中的编码对应。

八、资源开发与利用

（一）教材编写与使用

（1）教材编写必须依据本课程标准，教材应充分体现任务引领、实践导向的课程设计思想。

（2）教材应始终围绕以学生为学习主体进行大量教学活动的设计，在编写过程中注意教材的趣味性，避免机械式长篇大论的文章，难易程度要符合高本学生的水平，使学生喜欢学，有信心学。

（3）教材要广泛涵盖城市轨道交通运营管理专业知识，并适当配备专业术语、翻译和会话练习，配以丰富的图画，使学生有耳目一新的感觉，从而提高学生听、说、读、写、译等方面技能的训练效果。

（4）教材内容应体现先进性、通用性、实用性，要将本专业的新技术、新工艺、新材料及行业标准等内容及时纳入教材，使教材更贴近本专业的发展和实际需要。

（二）数字化资源开发与利用

（1）注重城市轨道交通客运服务中英语对话的案例和多媒体教学资源的收集、整理及开发，丰富课程教学资源。利用实物和多媒体教学资源创设形象生动的工作情景，激发学生的学习兴趣，促进学生对相关知识的理解掌握。

（2）搭建和利用网络教学平台，建立该课程的网络教学数据库，积极开发和利用网络课程资源，提高课程资源利用率，促进教学效果的不断提高。

（3）建立开放式实训中心，具备现场教学、实训、职业技能证书考证的功能，实现教学与实训合一、教学与培训合一、教学与考证合一，满足对学生职业能力培养的要求。

（4）条件成熟时开展开放实训室活动，支持学生开展课外科学创新活动，鼓励支持学生参加英语方面的技能竞赛等活动，提高学生的创新能力。

九、教学建议

（一）教学方法

贯彻“以学生为中心”的教学理念，实施行动导向教学方法，学生以小组形式，在教师的引导下通过项目的完成，达到专业知识学习和专业技能训练的目的。创造学习环境，创设有利于学生对知识意义构建的教学情境，在教学情境下使学生能够独立思考、共同探索、协作完成，使老师从知识传授者的角色转为学生学习过程的组织者、咨询者和指导者，使教学过程向学生自觉学习过程转化。每项工作任务完成后，各小组提交一份成果报告。

教学的过程是一种师生之间、生生之间的多边互动，然而，在教学活动中消极被动的学生占多数，共同参与的学生较少，在教学中需要重视学生的学习态度和学习过程。以往城市轨道交通专业英语的教学内容主要集中在语言的基本知识，诸如语音、语调、句子的语法结构等方面，而忽略了培养学生实际运用语言的能力。建议在教学过程中多考虑学生的学习基础，重视成绩中下学生的努力程度、进步情况等，鼓励学生掌握更多的城市轨道交通专业英语知识。

（二）教学条件

1. 软硬件条件

（1）制作与教材配套的多媒体课件、微课视频。

（2）积极开发和利用在线课程资源。

（3）配置校外企业实训基地供学生实训。

2. 师资条件

对任课教师的基本要求：

（1）职业能力要求：能够扮演需要用英语交流的不同角色。

（2）知识结构要求：精通城市轨道交通专业英语课程教学内容。

十、教学评价

（1）将学生课堂出勤、课堂参与度、与小组成员合作、课后作业完成情况以及参加各类英语竞赛活动等作为平时成绩的依据。

（2）在学习开展过程中将所学知识设计成多个情景让学生进行角色扮演，如站务、票务、大客流、投诉及一些应急情况的处理等，以小组为单位进行考核，以检查学生上课学习情况并及时巩固相关知识。

（3）布置课后大作业，通过在学校的轨道交通实训室，亲身感受和体会模拟工作场景，学生自主完成情景剧的拍摄。

（4）考虑被评价学生的进步时要参照原有基础来看待现实表现，并通过自我评价、相互评价来培养学生的自我学习能力、评价能力，增强学生的学习自信心，将评价与学习融为一体，使得形成性评价和终结性评价在整个教学实践过程中充分结合，以此改善英语口语教学效果，更好地促进学生综合语言运用能力的全面发展。

（撰稿人：夏 宇）

高本衔接本科学段：牵引计算与仿真课程标准

一、课程名称

牵引计算与仿真。

二、适用专业

既适用于高本衔接的本科轨道交通运营管理专业，又适用于本科的其他轨道交通运营管理专业。

三、课程性质

本课程是高本衔接本科学段轨道交通运营管理专业必修的一门学科基础课程。学生通过该课程的学习，能够掌握列车牵引计算的基本原理和计算方法，通过仿真模型训练，掌握列车运行策略设计，在保证行车安全和节能的条件下实现列车牵引质量和运行速度的提升。学生通过本课程的理论学习、仿真模拟、实训操作，能够在掌握列车牵引计算基本原理等知识的同时，发挥自主能动性，提升自主设计能力和分析问题、解决问题的能力，为后续的专业课学习打下基础。

四、课程设计

本课程以机车牵引力与牵引特性、列车阻力和制动力、列车运动方程式及应用、列车制动问题的解算、列车运行速度和时间的计算、机车能耗量的计算、牵引质量计算和列车运行监控装置制动模式曲线、列车牵引电算等工作任务为中心构建课程内容体系，在课程教学方法和教学手段设计上，设计若干案例分析、练习习题，引入虚拟仿真实验等新技术手段，让学生边学边用，掌握解决实际问题的能力。

五、课程教学目标

通过本课程的教学，要求学生系统掌握电力、内燃机车牵引力及其牵引特性，列车阻力和列车制动力的计算，列车运动方程式及其应用，牵引质量，列车运行速度和时间，机车能量消耗，列车制动问题的解算方法及有关规定。同时掌握列车运行监控装置制动模式曲线模型及牵引电算的基本内容。教学中注重理论结合实际，及时体现新技术、新方法的应用，使毕业生能够运用列车牵引计算知识解决运输生产中的实际问题。

1. **知识目标**

（1）熟知机车牵引力和牵引特性。

（2）熟知机车牵引力的计算标准和取值规定。

（3）了解动车组发展概况及性能。

（4）知道列车阻力的分类。
（5）熟知加算坡道阻力、加算坡度千分数及列车长度对附加阻力计算的影响。
（6）了解列车制动力的定义及其分类。
（7）了解各闸瓦摩擦系数。
（8）了解换算摩擦系数。
（9）了解换算闸瓦压力。
（10）了解列车换算制动率的取值。
（11）了解机车动力制动力和制动特性。
（12）了解列车在不同运行工况的单位合力。
（13）掌握空走时间和空走距离的计算。
（14）掌握有效制动距离的简化计算法。
（15）了解列车常用制动限速。
（16）掌握图解法计算列车运行速度和时间。
（17）了解绘制速度线、时间线的注意事项及区间运行时分的确定。
（18）掌握列车牵引质量的校验方法。
（19）了解列车制动模式曲线设计。
（20）了解三显示、四显示自动闭塞区段的速度监控模式。
（21）了解牵引电算软件。

2. **能力目标**

（1）能计算机车轮周功率。
（2）能计算各类型机车车辆的基本阻力和附加阻力。
（3）能化简线路纵断面。
（4）能计算闸瓦压力。
（5）能用实算法计算列车制动力。
（6）能通过换算法计算列车的制动力。
（7）能求解列车运动方程式。
（8）能计算有效制动距离。
（9）能计算列车制动距离。
（10）能计算列车换算制动率。
（11）能求解列车紧急制动限速。
（12）能计算列车运行速度和时间。
（13）能通过垂直线法计算列车运行速度和时间。
（14）能计算电力机车耗电量。
（15）能计算内燃机车燃油消耗量。
（16）能计算牵引质量。
（17）能确定列车牵引定数。
（18）能操作和运行电算软件。

3. **素质目标**

（1）培养学生的团队协作能力、人际协调能力。

（2）培养良好的职业素质、优秀的沟通能力。

（3）树立规范、准确、认真负责的工作作风。

六、参考学时与学分

参考学时：32 学时。

参考学分：2 学分。

七、课程结构

牵引计算与仿真课程结构如表 2－18 所示。

表 2－18　牵引计算与仿真课程结构

序号	学习任务	职业能力	知识、技能、态度要求	教学活动设计	学时
1	机车牵引力与牵引特性	11－02－01、11－02－04、11－02－06、11－02－07、11－02－08、25－02－10	①了解机车牵引力的形成 ②掌握机车粘着牵引力，电力、内燃机车牵引特性 ③掌握机车牵引力的几个计算标准和取值规定等 ④了解机车功率特性和动车组发展概况与性能 ⑤理解机车牵引力之间的限制关系 ⑥学会使用机车和动车组牵引特性图表	任务 1：机车受力认知 任务 2：机车牵引特性 任务 3：机车牵引力的计算标准和取值规定 任务 4：机车牵引力之间的限制关系 任务 5：机车和动车组牵引特性图表	4
2	列车阻力和制动力	19－03－01、24－04－01、24－04－02	①了解列车阻力分类，机车车辆基本阻力、附加阻力，加算坡道阻力和加算坡度千分数 ②掌握线路纵断面化简和列车阻力计算等内容 ③掌握列车长度对列车附加阻力计算的影响和处理方法 ④掌握曲线阻力折算坡度千分数时缓和曲线长度的处理 ⑤掌握列车制动力的计算方法 ⑥掌握用换算法计算多种摩擦材料混用时列车制动力和列车换算制动率的取值	任务 1：列车运行各种阻力 任务 2：线路纵断面化简 任务 3：列车阻力计算 任务 4：附加阻力其他影响因素 任务 5：列车制动力的计算 任务 6：计算多种摩擦材料混用时列车制动力和列车换算制动率	6

续上表

序号	学习任务	职业能力	知识、技能、态度要求	教学活动设计	学时
3	列车运动方程式及应用	25-02-06、25-02-07、25-02-08、25-02-09	①了解作用在列车上的合力及对列车运动的影响 ②能够绘制合力图 ③能够根据合力图确定列车均衡速度和判定列车运动趋势	任务1：列车合力及对列车运动的影响 任务2：合力图的绘制 任务3：列车均衡速度和列车运动趋势判定	4
4	列车制动问题的解算	25-02-06、25-02-08	①了解空走时间和空走距离的概念 ②掌握有效制动距离一次简化计算法 ③掌握列车换算制动率的计算 ④学会应用制动距离表、紧急制动限速表和常用制动限速表	任务1：空走时间和空走距离 任务2：简化计算有效制动距离 任务3：计算列车换算制动率 任务4：解算列车紧急制动限速	4
5	列车运行速度和时间的计算	24-02-01、24-02-02、25-01-01、25-01-02、25-01-03、25-01-04、25-01-05、25-01-06、25-01-07	①了解用分析法、图解法和电算法计算列车运行速度和时间 ②图解法计算列车运行速度、时间和及区间运行时分标准 ③学会看列车运行速度时分曲线图 ④熟悉各曲线代表的含义和各种绘图标记	任务1：分析法、图解法和电算法学习 任务2：计算列车运行速度、时间和及区间运行时分标准 任务3：列车运行速度时分曲线图 任务4：速度线的要求和规定 任务5：绘制牵引工况速度线和时间线	4
6	机车能耗量的计算	25-01-06、25-01-07	①掌握电力机车运行牵引、自用电量及出入段电量的计算 ②掌握内燃机车各种作业情况下的耗油量	任务1：电力机车牵引区段耗电量的计算 任务2：内燃机车的燃油消耗量的计算	2

续上表

序号	学习任务	职业能力	知识、技能、态度要求	教学活动设计	学时
7	牵引质量计算和列车运行监控装置制动模式曲线	13－02－02、14－01－03、14－01－07	①掌握牵引质量的计算 ②能够确定牵引定数 ③了解列车监控装置制动模式曲线 ④了解客货列车在自动闭塞区段应当采用的速度监控模式 ⑤掌握制动模式曲线计算参数的选择和黄灯、绿黄灯限速的确定	任务1：计算牵引质量 任务2：校验牵引质量 任务3：列车监控装置制动模式学习 任务4：速度监控模式学习 任务5：各种信号灯条件下的速度确定	4
8	列车牵引电算	23－02－03	①了解牵引电算技术 ②掌握牵引电算软件进行计算的方法	任务1：牵引电算技术的学习 任务2：通过牵引电算软件进行牵引计算	4
合　计					32

注：“职业能力”栏目下的职业能力编码与本书“附录1．轨道交通运营管理专业职业能力分析表”中的编码对应。

八、资源开发与利用

（一）教材编写与使用

（1）教材编写必须依据本课程标准，教材应充分体现任务引领、实践导向的课程设计思想。

（2）教材应以列车牵引计算及仿真领域各项工作任务的需要，以及实际工作岗位的操作规程，并结合职业技能鉴定考证材料组织教材内容；教材应体现以应用为目的，引入的理论知识以必需、够用为度，增加实践内容，强调理论在实践过程中的应用。

（3）教材应图文并茂，提高学生的学习兴趣。教材表达必须精练、准确、科学。教材中活动设计的内容要具体，并具有可操作性。

（4）教材内容应体现先进性、通用性、实用性，要将本专业新技术、新工艺、新材料及行业标准等内容及时纳入教材，使教材更贴近本专业的发展和实际需要。

（二）数字化资源开发与利用

（1）注重该课程项目案例和多媒体教学资源的收集、整理及开发，丰富该课程教学资源。利用实物和多媒体教学资源创设形象生动的工作情景，激发学生学习列车牵引计算的兴趣，促进学生对相关知识的理解。

（2）搭建和利用网络教学平台，建立该课程的网络教学数据库，积极开发和利用网络课程资源，提高课程资源利用率，促进教学效果的不断提高。

（3）建立本专业开放式实训中心，使之具备现场教学、实训、职业技能证书考证的功能，实现教学与实训合一、教学与培训合一、教学与考证合一，满足对学生职业能力培养的要求。

（4）条件成熟时开展开放实验实训室活动，鼓励支持学生参加各种竞赛等活动。

九、教学建议

（一）教学方法

建议采取工学结合、理论教学与实践教学并重的方式开展教学。在教学中，注重现场教学、案例教学和多媒体辅助教学。所用案例应充分考虑工学结合的需求，并与专业所依托行业相应岗位的工作实际紧密结合。通过多媒体课件的开发，充分积累课程资源，有效拓展课堂信息量，适当增加课程的趣味性，努力激发学习兴趣和主动性，切实提高本课程的学习效果。在实践教学中，注重真案真做，实践内容与工作实际紧密结合，增强解决实际问题的能力，并增加对行业及岗位实际的认识，鼓励学生通过实践操作提高专业技能和个人素质。

（二）教学条件

1. 软硬件条件

（1）制作与教材配套的多媒体课件、微课视频。

（2）积极开发和利用网络课程资源。

（3）配置教学一体化实训室。

（4）具有 3 家以上地铁的校外企业实训基地供学生实训。

2. 师资条件

对任课教师的基本要求：

（1）职业能力要求：能够实际操作、演示示范相关实操内容。

（2）知识结构要求：精通牵引计算与仿真课程教学内容。

（3）需要有相关专业背景、独立的实训室管理经验。

十、教学评价

（1）改革传统的学生评价手段和方法，采用阶段评价、过程性评价与目标评价相结合，项目评价，理论与实践一体化评价的评价模式。

（2）关注评价的多元性，结合平时纪律、学习主动性、知识掌握情况、项目完成情况综合评定学生成绩。

（3）应注重学生分析问题、解决问题能力的考核，对在学习和应用上有创新的学生应予特别鼓励，全面综合评价学生能力。该课程的学习成绩可考虑改用课程设计与答辩的方式来进行评定。

（撰稿人：彭湘涛）

高本衔接本科学段：运筹学课程标准

一、课程名称

运筹学。

二、适用专业

既适用于高本衔接的本科轨道交通运营管理专业，又适用于本科的轨道交通运营管理专业。

三、课程性质

《运筹学》是高本衔接本科学段轨道交通运营管理专业必修的一门学科基础课程。该课程以定量分析为主来研究经济管理问题，将工程思想和管理思想相结合，应用系统的、科学的、数学分析的方法，通过建模、检验和求解数学模型获得最优决策方案，目的在于培养学生系统的逻辑思维及优化建模能力。

四、课程设计

本课程以线性规划及单纯形法、线性规划的对偶理论与灵敏度分析、运输问题、整数规划、图与网络优化等工作任务为中心构建课程内容体系。课程内容的选择应结合实际应用，通过交通领域中存在的优化问题，培养学生系统建模能力，掌握可行求解方法。在课程教学设计上，依托高等数学等课程基础，主要设计课程教授、复习、作业练习、在线学习、在线测试等教学环节，应用计算机工具求解问题，提升实际应用的综合能力。

五、课程教学目标

本课程教学要求培养学生掌握多类管理问题的系统优化思想及求解方法，在课程学习的过程中实践优化建模及分析求解，从而提升学生分析问题、解决问题及系统思维的能力，从而有利于解决交通规划、运营管理中存在的部分问题。

1. 知识目标

（1）了解运筹学的发展简史。

（2）了解运筹学研究的基本思想。

（3）了解运筹学主要分支。

（4）了解运筹学在交通类管理人才培养中的作用。

（5）掌握图解法及其基本概念。

（6）掌握线性规划问题的解的概念。

（7）掌握线性规划的对偶问题的概念。
（8）掌握运输问题的定义及特点。
（9）掌握整数规划的数学模型的一般特点。
（10）掌握目标规划图解法的基本思路。
（11）掌握多阶段决策的特点。
（12）掌握图与网络的基本概念。

2. **能力目标**

（1）能进行图解法的求解。
（2）能用单纯形法求解标准形式的线性规划问题。
（3）能进行一般运输问题的求解。
（4）能进行产销不平衡的运输问题求解。
（5）能掌握 0－1 规划问题的一般求解方法。
（6）能进行指派问题一般问题的求解。
（7）能掌握目标规划图解法的一般步骤。
（8）能进行动态规划模型的建立。
（9）能掌握最优树、最短路、最大流问题的解法。

3. **素质目标**

（1）培养学生对交通运输管理类问题进行深入思考。
（2）培养学生系统优化及建模思想。
（3）培养学生较强的优化求解能力。
（4）培养学生良好的职业素质、优秀的沟通能力。
（5）培养学生团队协作能力、人际协调能力。

六、参考学时与学分

参考学时：32 学时。
参考学分：2 学分。

七、课程结构

运筹学课程结构如表 2－19 所示。

表2-19 运筹学课程结构

序号	学习任务	职业能力	知识、技能、态度要求	教学活动设计	学时
1	线性规划及单纯形法	26-04-02、26-04-04、26-10-03	①线性规划问题的数学模型 ②图解法 ③单纯形法求原理、计算步骤及应用	任务1：实例引入线性规划问题 任务2：讲解将线性规划的普通型化为标准型 任务3：举例讲解图解法和单纯形法 任务4：课堂练习 任务5：布置课后作业	10
2	线性规划的对偶理论与灵敏度分析	26-04-02、26-04-04、26-10-03	①线性规划的对偶问题 ②影子价格概念 ③对偶单纯形法计算步骤	任务1：举例引入对偶问题的基本概念 任务2：举例讲解影子价格的概念 任务3：对偶单纯形法与原问题单纯形法求解之间的关系 任务4：课堂练习 任务5：布置课后作业	8
3	运输问题	26-04-02、26-04-04、26-10-03	①运输问题及其数学模型 ②表上作业法求解运输问题 ③产销不平衡的运输问题等	任务1：举例引入运输问题 任务2：举例讲解表上作业法 任务3：举例讲解产销不平衡的运输模型的相关概念 任务4：课堂练习 任务5：布置课后作业	4
4	整数规划	26-04-02、26-04-04、26-10-03	①整数线规划数学模型的一般形式 ②解纯整数规划的割平面法 ③0-1整数规划 ④指派问题	任务1：情景复习线性规划的求解方法 任务2：举例引入整数规划 任务3：举例讲解割平面法 任务4：课堂练习 任务5：布置课后作业	4
5	图与网络优化	26-04-02、26-04-04、26-10-03	①图与网络的基本概念 ②最短路问题 ③最大流问题	任务1：实例引入图与网络的基本知识 任务2：讲解用表操作 Dijkstra 算法，采用比较演示方法 任务3：讲解 Floyd 算法和标号算法 任务4：课堂练习	6
合计					32

注："职业能力"栏目下的职业能力编码与本书"附录1．轨道交通运营管理专业职业能力分析表"中的编码对应。

八、资源开发与利用

（一）教材编写与使用

（1）教材编写必须依据本课程标准，教材应充分体现数学问题阐述的整体性、系统性、逻辑性。

（2）教材应以培养学生严密的数学求解逻辑能力和优化求解方法为重要目标，使学生树立对交通运输管理中的部分问题进行优化的思想。教材应体现以应用为目的，引入的理论知识以必需、够用为度，增加实践内容，强调理论在实践过程中的应用。

（3）教材资源内容要体现先进性、通用性，同时将在线课程资源纳入教材，使教材形式和内容更加丰富，保证学生课下复习和学习的需要。

（二）数字化资源开发与利用

（1）注重该课程案例和多媒体教学资源的收集、整理及开发，丰富该课程教学资源。

（2）搭建和利用网络教学平台，建立该课程的网络教学数据库，积极开发和利用网络课程资源，提高课程资源利用率，促进教学效果的不断提高。

（3）适当的引入一些系统优化的建模软件，鼓励支持学生参加大学生数学建模竞赛等活动，帮助学生理解建模思想和提升建模能力。

九、教学建议

（一）教学方法

建议采取理论教学与实践教学并重的方式开展教学。在教学中，注重理论教学、案例教学和多媒体辅助教学。通过多媒体课件的开发，充分积累课程资源，有效拓展课堂信息量，适当增加课程的趣味性，努力激发学习兴趣和主动性，切实提高本课程的学习效果。在实践教学中，注重真案真做，增强解决实际问题的能力。

（二）教学条件

1. 软硬件条件

（1）制作与教材配套的多媒体课件、微课视频。

（2）积极开发和利用网络课程资源。

（3）提供可供学生自主建模求解的建模工具，如 LINGO 等。

2. 师资条件

对任课教师的基本要求：

（1）职业能力要求：能够熟练演示数学证明及求解过程，能向学生传达系统优化的思想。

（2）知识结构要求：精通运筹学课程教学内容。

（3）实践能力要求：能对现实生产中存在的部分管理问题进行优化。

十、教学评价

（1）改革传统的学生评价手段和方法，采用阶段评价，过程性评价与目标评价相结合。

（2）关注评价的多元性，结合平时纪律、学习主动性、知识掌握情况、课堂练习和课后作业完成情况综合评定学生成绩。

（3）应注重学生分析问题、解决问题能力的考核，对在学习和应用上有创新的学生应予特别鼓励，全面综合评价学生能力。

（4）鼓励学生参加多种数学建模比赛，在比赛中增强实际问题的分析能力。

（撰稿人：郑　锂、黎新华、王　玫）

高本衔接本科学段：轨道交通安全工程课程标准

一、课程名称

轨道交通安全工程。

二、适用专业

既适用于高本衔接的本科轨道交通运营管理专业，又适用于本科轨道交通运营管理专业。

三、课程性质

本课程是高本衔接本科学段轨道交通运营管理专业必修的一门专业主干课程，旨在通过对学生轨道交通安全管理方法和技术的培养，使学生能够胜任轨道交通安全技术管理工作，培养轨道交通安全管理员、调度员、司机等岗位的安全意识和安全管理方法。

四、课程设计

本课程全面地阐述了城市轨道交通运营的安全知识，突出了本科教育特色，围绕职业能力的形成组织课程内容，从基本理论、安全评价、风险分析、事故防范、反恐、消防安全等工作任务构建课程内容结构，系统阐述了城市轨道交通运营安全中涉及的基本理论与方法，多方面介绍了城市轨道交通运营管理技术。在教学设计上，结合本科阶段学生学习特征，强调知识的理论体系和实际应用，通过设计典型工作项目，让学生自主学习和完成知识的验证。

五、课程教学目标

通过工学结合、校企合作的任务驱动型项目活动，培养学生的职业道德、专业技能水平及可持续发展能力，使学生具备轨道交通安全的专业认知能力，掌握轨道交通事故应急处理的专业技能，初步形成一定的学习能力和课程实践能力，并培养学生诚实、守信、负责、善于沟通和合作的团队意识，及其重质量、守规范和安全意识，提高学生各方面的职业能力，并通过理论、实训、实习相融合的教学方式，“教、学、做”相结合，把学生培养成为具有良好职业道德的、具有交通安全管理的理论知识和实践操作技能的人才，以适应市场对城市轨道交通安全管理人才的需求。具体表现在以下几个方面。

1. 知识目标

（1）掌握城市轨道交通的公共安全、运营安全的基本理论知识。

（2）了解事故致因理论、因果连锁理论、瑟利人因系统理论、轨迹交叉理论等安全的基本理论。

（3）掌握可靠性基本概念及特征量（可靠性指标）。

（4）掌握模糊聚类、安全检查表、事故树分析等安全分析方法。
（5）掌握事故原因调查的步骤及应注意的事项。
（6）掌握事故现场勘查方法和步骤。
（7）了解导致事故发生的主要因素。
（8）掌握城市轨道交通风险的评估方法。
（9）掌握城市轨道交通安全运营的“过程控制”和“事后控制”。
（10）了解城市轨道交通公共场所的安全防范制度及管理。
（11）掌握城市轨道交通安全管理系统的运行机理。
（12）掌握城市轨道交通人因安全管理。
（13）了解我国城市轨道交通法规的现状和安全方面的标准。
（14）了解城市轨道交通消防安全管理。
（15）了解城市轨道交通恐怖事件的形式、特点及其对社会的危害。
（16）掌握城市轨道交通防（反）恐能力评估方法。
（17）了解反恐背景下的城市轨道交通设计。

2. 能力目标

（1）会用事故致因理论分析事故发生的原因。
（2）能够分析各类设备、方案的可靠性特征量（可靠性指标）。
（3）能够建立安全检查表，对各类事故隐患区域定期检查。
（4）能够运用事故树分析事故发生的原因。
（5）能够协助勘察事故现场并记录关键点。
（6）能够建立事故危险的动态模型。
（7）能够分析作业流程中设备、人员、环境、管理等方面存在的不安全因素。
（8）会使用轨道交通风险评估中的风险矩阵。
（9）能查找城市轨道交通事故的危险源。
（10）能对各工作任务在开展过程中实行安全监控。
（11）能对事故发生后采取积极的补救措施，进行事后控制。
（12）能发现交通公共场所的安全防范漏洞并采取相应措施。
（13）能运用城市轨道交通的法规维护企业、乘客权益。
（14）会使用及维护各类消防器材。
（15）能在恐怖事件下懂得如何自救及他救。
（16）能够协助对城市轨道交通中建筑、设备、管理系统进行评估。

3. 素质目标

（1）具备基本的安全常识。
（2）具备主动学习、自我发展能力。
（3）具备分工合作、团队协作能力。
（4）具备与人交流的能力。
（5）具备应急事故处理能力。
（6）具备综合分析、解决实际问题的能力。

(7) 具备开拓创新的能力。
(8) 培养学生团队协作能力、人际沟通协调能力和耐心细致、认真负责的工作作风。
(9) 培养良好的职业素质。
(10) 培养学生安全意识。
(11) 培养学生自我评价和评价他人的能力。
(12) 树立全面质量管理观念和意识。

六、参考学时与学分

参考学时：48 学时。
参考学分：3 学分。

七、课程结构

轨道交通安全工程课程结构如表 2－20 所示。

表 2－20　轨道交通安全工程课程结构

序号	学习任务	职业能力	知识、技能、态度要求	教学活动设计	学时
1	轨道交通行车安全	11－02－01、11－02－02、11－02－03、11－02－04、11－02－05、11－02－06、11－02－07、11－02－08、15－01－11、15－01－12	①行车设备监控 ②CCTV 监控 ③运营前行车设备状态检查 ④监控列车运行情况 ⑤监控车站客流变化 ⑥监控设备运行状态 ⑦监控运行图执行 ⑧监控全线列车位置 ⑨应急情况下行车设备操作非正常情况下降级模式	任务 1：站控室监控 任务 2：列车运行监控 任务 3：运行图兑现率统计	8
2	工程安全管控	16－01－05、16－01－06、16－01－07、16－01－08、16－01－11、16－01－12、16－01－13、16－01－14、16－01－15、16－01－16、16－01－17	①检查施工负责人证、施工作业令、临时出入证 ②检查穿戴防护用品是否齐全 ③确认施工结束后的出清情况 ④操作施工系统 ⑤填写施工情况控制表 ⑥摆放施工示意图 ⑦做好施工汇报 ⑧制定安全预想 ⑨掌握施工系统故障 ⑩不同情况下的施工请点操作 ⑪掌握施工系统故障情况下的施工销点操作（人工纸质办理）	任务 1：施工作业前文件审核 任务 2：请销手续演练 任务 3：施工前装备检查 任务 4：制定安全防范措施	10

续上表

序号	学习任务	职业能力	知识、技能、态度要求	教学活动设计	学时
3	轨道交通事故及其防范控制	10－01－01、10－01－02、10－01－03、10－01－04、10－02－01、10－02－02、10－02－03、10－02－04	①掌握有责客伤划分及处理规定 ②掌握无责客伤划分及处理规定 ③掌握单体客伤划分及处理规定 ④掌握群体客伤划分及处理规定 ⑤做好客伤资料的收集 ⑥留存证据（挽留目击证人、拍照、录音） ⑦安抚乘客 ⑧准确书写事情经过	任务1：客伤责任划分演练 任务2：客伤应急处理 任务3：事件情况描述	12
4	城市轨道交通安全管理	15－01－01、15－01－02、15－01－03、15－01－04、15－01－05、15－01－11、15－01－12、16－01－04	①掌握并执行列车故障事件下的应急预案 ②掌握并执行屏蔽门故障事件下的应急预案 ③掌握并执行道岔故障事件下的应急预案 ④掌握并执行供电故障事件下的应急预案 ⑤参与编写修订行车事件应急预案并组织员工进行培训学习应急情况下行车设备操作 ⑥非正常情况下降级模式 ⑦理解和执行封锁解封命令 ⑧理解和执行加开列车命令	任务1：列车运行故障应急处理 任务2：屏蔽门故障应急处理 任务3：道岔故障应急处理 任务4：大面积停电应急处理 任务5：站控下接发列车	12
5	轨道交通各类应急预案	15－04－01、15－04－02、15－04－03、15－04－04、15－04－05	①掌握并执行火灾的应急预案 ②掌握并执行地震的应急预案 ③掌握并执行水灾的应急预案 ④参与编写修订各种灾害应急预案并组织员工进行培训学习 ⑤负责跟进处理暴力袭击及其他综治事件	任务1：突发火灾应急救援 任务2：突发水灾应急救援 任务3：突发治安事件应急救援	6
合 计					48

注：“职业能力”栏目下的职业能力编码与本书“附录1. 轨道交通运营管理专业职业能力分析表”中的编码对应。

八、资源开发与利用

（一）教材编写与使用

（1）教材编写必须依据本课程标准，教材应充分体现任务引领、实践导向的课程设计思想。

（2）教材应以城市轨道交通运营工作领域各项工作任务的需要，以及实际工作岗位的操作规程，并结合职业技能鉴定考证材料来组织编写；教材应体现以应用为目的，引入的理论知识以必需、够用为度，增加实践内容，强调理论在实践过程中的应用。

（3）教材应图文并茂，提高学生的学习兴趣。教材表达必须精练、准确、科学。教材中活动设计的内容要具体，并具有可操作性。

（4）教材内容应体现先进性、通用性、实用性，要将本专业新技术、新工艺、新材料及行业标准等内容及时纳入教材，使教材更贴近本专业的发展和实际需要。

（二）数字化资源开发与利用

（1）注重该课程项目案例和多媒体教学资源的收集、整理及开发，丰富该课程教学资源。利用实物和多媒体教学资源创设形象生动的工作情境，激发学生对学习轨道交通安全运营的兴趣，促进学生对相关知识的理解掌握。

（2）搭建和利用网络教学平台，建立该课程的网络教学数据库，积极开发和利用网络课程资源，提高课程资源利用率，促进教学效果的不断提高。

（3）建立本专业开放式实训中心，使之具备现场教学、实训、职业技能证书考证的功能，实现教学与实训合一、教学与培训合一、教学与考证合一，满足对学生职业能力培养的要求。

（4）条件成熟时开展开放实验实训室活动，支持学生开展课外科学创新活动。

九、教学建议

（一）教学方法

建议采取工学结合、理论教学与实践教学并重的方式开展教学活动。在教学过程中，注重采用现场教学、案例教学和多媒体辅助教学的教学方法。所用案例应充分考虑工学结合的需求，并与专业所依托行业相应岗位的工作实际紧密结合。通过多媒体课件的开发，充分积累课程资源，有效拓展课堂信息量，适当增加课程的趣味性，努力激发学生的学习兴趣和主动性，切实提高本课程的学习效果。在实践教学中，注重真案真做，实践内容与工作实际紧密结合，增强解决实际问题的能力，并增加对行业及岗位实际的认识，鼓励学生通过实践操作提高专业技能。

（二）教学条件

1．软硬件条件

（1）制作与教材配套的多媒体课件、微课视频。

（2）积极开发和利用网络课程资源。

（3）配置教学一体化实训室。

（4）具有3家以上城市轨道类的校外企业实训基地供学生实训。

2．师资条件

对任课教师的基本要求：

（1）职业能力要求：能够实际操作、演示示范相关实操内容。

（2）知识结构要求：精通轨道交通安全工程课程的教学内容。

（3）需要有相关专业背景、独立的实训室管理与检修经验，能定期对相关设备进行维护。

十、教学评价

（1）改革传统的学生评价手段和方法，采用阶段评价、过程性评价与目标评价相结合，项目评价，理论与实践一体化评价的评价模式。

（2）关注评价的多元性，结合平时纪律、学习主动性、知识掌握情况、项目完成情况综合评定学生成绩。

（3）应注重学生分析问题、解决问题能力的考核，对在学习和应用上有创新的学生应予以特别鼓励，全面综合评价学生能力。该课程的学习成绩可考虑改用课程设计与答辩的方式来进行评定。

（撰稿人：郑　锂、李俊辉）

高本衔接本科学段：轨道交通行车组织课程标准

一、课程名称

轨道交通行车组织。

二、适用专业

既适用于高本衔接的本科轨道交通运营管理专业，又适用于本科的轨道交通运营管理专业。

三、课程性质

本课程是高本衔接本科学段轨道交通运营管理专业必修的一门专业主干课程。开设的主要目的是使学生具备城市轨道交通行车信息填报、行车故障处理、运营前检查组织和行车信号检查、考评与改进等能力，培养学生从事轨道交通行车组织工作的高级技能，为学生将来从事本专业工作打下基础。

四、课程设计

本课程内容突出对学生职业能力的训练，理论知识的选取紧紧围绕工作任务完成的需要来进行，同时又充分考虑了本科阶段对理论知识学习的需要，任务设计以学生从事行车信息填报、行车故障处理、运营前检查组织和行车信号检查、考评与改进的基本技能和综合素质的培养为线索来进行。采取工学结合、课程设计等形式，充分开发学习资源，给学生提供丰富的实践机会。

五、课程教学目标

通过本课程的教学，要求学生能够掌握行规等安全生产规章，能够填写行车日志、调度命令登记簿，能够组织列车在轨道电路故障、信号显示故障、列车故障、多区间断电、联锁设备故障、隧道进水、ATS故障、ATP故障、ATO故障等情况下运行，能够通过CCTV、LCP、LCW监控列车运行及生产设备运作状态，能够检查、考评与改进行车信号规则，树立在工作过程中的纪律意识、责任意识、服从意识，培养学生良好的心理素质和抗压能力。

1. 知识目标

（1）了解行规等安全生产规章，并落实执行。

（2）掌握行车日志、调度命令登记簿填写的要点和要求。

（3）掌握轨道电路故障情况下的行车组织方法。

（4）掌握信号显示故障情况下的行车组织方法。

（5）掌握列车故障下的行车组织方法。
（6）掌握多区间断电下的行车组织方法。
（7）掌握联锁设备故障下的行车组织方法。
（8）掌握隧道进水下的行车组织方法。
（9）掌握 ATS 故障下的行车组织方法。
（10）掌握 ATP 故障下的行车组织方法。
（11）掌握 ATO 故障下的行车组织方法。
（12）掌握通过 CCTV、LCP、LCW 监控列车运行及生产设备的运作状态的方法。
（13）掌握检查、考评与改进行车信号规则的要点和要求。

2. 能力目标

（1）能够组织落实行规等安全生产规章，填写行车日志、调度命令登记簿。
（2）能够组织列车在轨道电路故障情况下运行。
（3）能够组织列车在信号显示故障情况下运行。
（4）能够组织列车在列车故障下运行。
（5）能够组织列车在多区间断电下运行。
（6）能够组织列车在联锁设备故障下运行。
（7）能够组织列车在隧道进水下运行。
（8）能够组织列车在 ATS 故障下运行。
（9）能够组织列车在 ATP 故障下运行。
（10）能够组织列车在 ATO 故障下运行。
（11）能够通过 CCTV、LCP、LCW 监控列车运行及生产设备的运作状态。
（12）能够检查、考评与改进行车信号规则。

3. 素质目标

（1）培养良好的道德品质，吃苦耐劳、爱岗敬业、遵纪守法。
（2）培养较强的轨道交通企业纪律意识，具备良好的心理素质和抗压能力。
（3）培养较强的服从意识。
（4）培养安全生产知识和责任意识，保证工作质量，具有较强的服务意识，提高乘客满意度。
（5）培养良好的团队合作精神和人际交往能力，具备较强的工作执行能力，高效完成工作。

六、参考学时与学分

参考时学：48 学时。
参考学分：3 学分。

七、课程结构

轨道交通行车组织课程结构如表 2－21 所示。

表 2-21　轨道交通行车组织课程结构

序号	学习任务	职业能力	知识、技能、态度要求	教学活动设计	学时
1	行车信息填报	12-01-01、12-01-03	①能够组织落实行规等安全生产规章 ②能够填写行车日志 ③能够填写调度命令登记簿	任务 1：行车日志填写 任务 2：调度命令登记簿填写	6
2	行车故障处理	12-02-01、12-02-02、12-02-03、12-02-04、12-02-05、12-02-06	①能够组织列车在轨道电路故障情况下运行 ②能够组织列车在信号显示故障情况下运行 ③能够组织列车在列车故障下运行 ④能够组织列车在多区间断电下运行 ⑤能够组织列车在联锁设备故障下运行 ⑥能够组织列车在隧道进水下运行	任务 1：轨道电路故障情况下行车组织 任务 2：信号显示故障情况下行车组织 任务 3：列车故障下行车组织 任务 4：多区间断电下行车组织 任务 5：联锁设备故障下行车组织 任务 6：隧道进水下行车组织	18
3	ATC 故障处理	12-02-07、12-02-08、12-02-09	①能够组织列车在 ATS 故障下运行 ②能够组织列车在 ATP 故障下运行 ③能够组织列车在 ATO 故障下运行	任务 1：ATS 故障下行车组织 任务 2：ATP 故障下行车组织 任务 3：ATO 故障下行车组织	18
4	行车管理	13-02-04、13-03-02	①能够通过 CCTV、LCP、LCW 监控列车运行及生产设备的运作状态 ②能够检查、考评与改进行车信号规则	任务 1：列车运行及生产设备监控 任务 2：行车信号规则改进	6
合　计					48

注："职业能力"栏目下的职业能力编码与本书"附录 1. 轨道交通运营管理专业职业能力分析表"中的编码对应。

八、资源开发与利用

（一）教材编写与使用

（1）教材编写必须依据本课程标准，教材应充分体现任务引领、实践导向的课程设计思想。

（2）教材应以各项学习任务的需要，以及实际工作岗位的操作规程，并结合职业技能鉴定考证材料来组织编写；体现以应用为目的，引入的理论知识以必需、够用为度，增加实践内容，强调理论在实践过程中的应用。

（3）教材应图文并茂，提高学生的学习兴趣。教材表达必须精练、准确、科学。教材中活动设计的内容要具体，并具有可操作性。

（4）教材内容应体现先进性、通用性、实用性，要将本专业新技术、新工艺、新材料及行业标准等内容及时纳入教材，使教材更贴近本专业的发展和实际需要。

（二）数字化资源开发与利用

（1）注重案例和多媒体教学资源的收集、整理及开发，丰富课程教学资源。利用实物和多媒体教学资源创设形象生动的工作情景，激发学生的学习兴趣，促进学生对相关知识的理解掌握。

（2）搭建和利用网络教学平台，建立该课程的网络教学数据库，积极开发和利用网络课程资源，提高课程资源利用率，促进教学效果的不断提高。

（3）建立开放式实训中心，具备现场教学、实训、职业技能证书考证的功能，实现教学与实训合一、教学与培训合一、教学与考证合一，满足对学生职业能力培养的要求。

（4）在条件成熟时开展开放实训室活动，支持学生开展课外科学创新活动，鼓励支持学生参加技能竞赛等活动，提高学生的创新能力。

九、教学建议

（一）教学方法

建议采取工学结合、理论教学与实践教学并重的方式开展教学活动。在教学过程中，注重采用现场教学、案例教学和多媒体辅助教学的教学方法。所用案例应充分考虑工学结合的需求，并与专业所依托行业相应岗位的工作实际紧密结合。通过多媒体课件的开发，充分积累课程资源，有效拓展课堂信息量，适当增加课程的趣味性，努力激发学生的学习兴趣和主动性，切实提高学习效果。在实践教学中，注重真案真做，实践内容与工作实际紧密结合，增强解决实际问题的能力，并增加对行业及岗位实际的认识，鼓励学生通过实践操作提高专业技能。

（二）教学条件

1. **软硬件条件**

（1）制作与教材配套的多媒体课件、微课视频。

（2）积极开发和利用网络课程资源。

（3）配置教学一体化实训室，另外能够提供环境仿真软件会更好。

（4）配置校外企业实训基地供学生实训。

2. **师资条件**

对任课教师的基本要求：

（1）职业能力要求：能够实际操作、演示示范相关实操内容。

（2）知识结构要求：精通轨道交通行车组织课程教学内容。

（3）需要有相关专业背景的实训室管理经验，能定期对相关设备进行维护。

十、教学评价

（1）改革传统的学生评价手段和方法，采用阶段性评价、过程性评价与目标评价相结合，理论与实践一体化评价的评价模式。

（2）关注评价的多元性，结合平时纪律、学习主动性、知识掌握情况、任务完成情况综合评定学生成绩。

（3）应注重对学生分析问题、解决问题能力的考核，对在学习和应用上有创新的学生应予以特别鼓励，全面综合评价学生能力。

（撰稿人：李俊辉、黎新华、郭英明）

高本衔接本科学段：轨道交通运营调度指挥课程标准

一、课程名称

轨道交通运营调度指挥。

二、适用专业

既适用于高本衔接的本科轨道交通运营管理专业，又适用于本科的轨道交通运营管理专业。

三、课程性质

本课程是高本衔接本科学段轨道交通运营管理专业必修的一门专业主干课程。开设的主要目的是使学生具备轨道交通运营中的行车调度和车辆段调车能力，培养学生从事轨道交通运营调度指挥工作的基本技能，为学生将来从事本专业工作打下基础。

四、课程设计

本课程以学生从事轨道交通运营调度指挥的基本技能和综合素质的培养为线索来进行，根据职业能力要求，设置行车调度、车辆段调车两个工作任务，将行车调度工作任务设置调度电话、无线广播使用、ATS 调度系统使用；口头命令、书面命令发布；列车运行图编制；列车运行调整等工作项目，将车辆段调车分为调车作业计划制订、调车现场指挥、调车作业进路排列等工作项目，通过项目训练的方式，让学生自主掌握理论知识的应用。

五、课程教学目标

通过本课程的教学，要求学生能够使用调度电话，进行列车运营前检查、运营中的监视和调度，使用 ATS 调度系统；使用无线广播发布口头调度命令；手工绘制列车运行图；填写书面调度命令；组织列车晚点时、早点时的运行调整，扣车，提前发车，组织运行加班列车；进行客流组织与行车联动，发布行车信息；制订调车作业计划，指挥现场调车，排列调车作业进路，指挥工程车运行，安排列车调试；树立在工作过程中的纪律意识、责任意识、服从意识，培养学生良好的心理素质和抗压能力。

1. **知识目标**

（1）掌握调度电话、无线广播的使用方法。

（2）了解列车运营前检查组织，运营中的监视和调度。

（3）掌握 ATS 调度系统使用方法。

（4）掌握口头调度命令发布。

（5）掌握列车运行图编制方法。

（6）掌握书面调度命令填写方法。

（7）掌握列车晚点时的列车运行调整，列车早点情况下的组织，扣车的使用，提前发车的使用，加班列车的运行。

（8）掌握客流组织与行车联动，行车信息发布。

（9）掌握调车作业计划制订方法。

（10）掌握调车现场指挥，工程车运行指挥，调试安排列车。

2. **能力目标**

（1）能够使用调度电话、无线广播。

（2）能够组织列车运营前检查，监视和调度列车运营。

（3）能够使用 ATS 调度系统。

（4）能够正确发布口头调度命令，填写书面调度命令。

（5）能够手工绘制列车运行图。

（6）能够调整晚点列车运行，组织早点列车运行，扣车，提前发车，组织加班列车的运行。

（7）能够进行客流组织与行车联动，发布行车信息。

（8）能够制订调车作业计划。

（9）能够指挥现场调车，指挥工程车运行，安排列车调试。

（10）能够排列调车作业进路。

3. **素质目标**

（1）具有良好的道德品质，吃苦耐劳、爱岗敬业、遵纪守法。

（2）具有较强的轨道交通企业纪律意识，具备良好的心理素质和抗压能力。

（3）具有较强的服从意识。

（4）具有安全生产知识和责任意识，保证工作质量，具有较强的服务意识，提高乘客满意度。

（5）具有良好的团队合作精神和人际交往能力，具备较强的工作执行能力，高效完成工作。

六、参考学时与学分

参考学时：32 学时。

参考学分：2 学分。

七、课程结构

轨道交通运营调度指挥课程结构如表 2 – 22 所示。

表 2－22 轨道交通运营调度指挥课程结构

序号	学习任务	职业能力	知识、技能、态度要求	教学活动设计	学时
1	行车调度	14－01	①能够使用调度电话、无线广播 ②能够组织列车运营前检查，监视和调度列车运营 ③能够使用 ATS 调度系统 ④能够正确发布口头调度命令，填写书面调度命令 ⑤能够手工绘制列车运行图 ⑥能够调整晚点列车运行，组织早点列车运行，扣车，提前发车，组织加班列车的运行 ⑦能够进行客流组织与行车联动，发布行车信息	任务 1：调度电话、无线广播使用 任务 2：ATS 调度系统使用 任务 3：口头命令、书面命令发布 任务 4：列车运行图编制 任务 5：列车运行调整	24
2	车辆段调车	14－02	①能够制订调车作业计划 ②能够指挥现场调车，指挥工程车运行，安排列车调试 ③能够排列调车作业进路	任务 1：调车作业计划制订 任务 2：调车现场指挥 任务 3：调车作业进路排列	8
合 计					32

注：“职业能力”栏目下的职业能力编码与本书“附录 1. 轨道交通运营管理专业职业能力分析表”中的编码对应。

八、资源开发与利用

（一）教材编写与使用

（1）教材编写必须依据本课程标准，教材应充分体现任务引领、实践导向的课程设计思想。

（2）教材应以各项学习任务的需要，以及实际工作岗位的操作规程，并结合职业技能鉴定考证材料来组织编写；体现以应用为目的，引入的理论知识以必需、够用为度，增加实践内容，强调理论在实践过程中的应用。

（3）教材应图文并茂，提高学生的学习兴趣。教材表达必须精练、准确、科学。教材中活动设计的内容要具体，并具有可操作性。

（4）教材内容应体现先进性、通用性、实用性，要将本专业新技术、新工艺、新材料及行业标准等内容及时纳入教材，使教材更贴近本专业的发展和实际需要。

（二）数字化资源开发与利用

（1）注重案例和多媒体教学资源的收集、整理及开发，丰富课程教学资源。利用实物和多媒体教学资源创设形象生动的工作情境，激发学生的学习兴趣，促进学生对相关知识的理解掌握。

（2）搭建和利用网络教学平台，建立该课程的网络教学数据库，积极开发和利用网络课程资源，提高课程资源利用率，促进教学效果的不断提高。

（3）建立开放式实训中心，具备现场教学、实训、职业技能证书考证的功能，实现教学与实训合一、教学与培训合一、教学与考证合一，满足对学生职业能力培养的要求。

（4）在条件成熟时开展开放实训室活动，支持学生开展课外科学创新活动，鼓励支持学生参加技能竞赛等活动，提高学生的创新能力。

九、教学建议

（一）教学方法

建议采取工学结合、理论教学与实践教学并重的方式开展教学活动。在教学过程中，注重采用现场教学、案例教学和多媒体辅助教学的教学方法。所用案例应充分考虑工学结合的需求，并与专业所依托行业相应岗位的工作实际紧密结合。通过多媒体课件的开发，充分积累课程资源，有效拓展课堂信息量，适当增加课程的趣味性，努力激发学生的学习兴趣和主动性，切实提高学习效果。在实践教学中，注重真案真做，实践内容与工作实际紧密结合，增强解决实际问题的能力，并增加对行业及岗位实际的认识。鼓励学生通过实践操作提高专业技能。

（二）教学条件

1. 软硬件条件

（1）制作与教材配套的多媒体课件、微课视频。

（2）积极开发和利用网络课程资源。

（3）配置教学一体化实训室，另外能够提供环境仿真软件会更好。

（4）配置校外企业实训基地供学生实训。

2. 师资条件

对任课教师的基本要求：

（1）职业能力要求：能够实际操作、演示示范相关实操内容。

（2）知识结构要求：精通轨道交通运营调度指挥课程教学内容。

（3）需要有相关专业背景的实训室管理经验，能定期对相关设备进行维护。

十、教学评价

（1）改革传统的学生评价手段和方法，采用阶段性评价、过程性评价与目标评价相结合，理论与实践一体化评定模式。

（2）关注评价的多元性，结合平时纪律、学习主动性、知识掌握情况、任务完成情况综合评定学生成绩。

（3）应注重对学生分析问题、解决问题能力的考核，对在学习和应用上有创新的学生应予以特别鼓励，全面综合评价学生能力。

（撰稿人：李俊辉、黎新华、郭英明）

高本衔接本科学段：轨道交通技术管理规章课程标准

一、课程名称

轨道交通技术管理规章。

二、适用专业

既适用于高本衔接的本科轨道交通运营管理专业，又适用于本科的轨道交通运营管理专业。

三、课程性质

本课程是高本衔接本科学段轨道交通运营管理专业必修的一门专业主干课程。课程从城市轨道交通运营组织架构与教学实践的角度出发，培养学生城市轨道交通运营所涉及的主要设备与岗位关键能力，有利于学生掌握有关人员的岗位职责与作业标准、行车主要设备的操作维护规则，以及安全管理规则等内容。

四、课程设计

本课程以列车开行方案、列车编组技术、行车闭塞法、列车运行调度指挥、车站站务管理制度、公共关系管理等工作任务为中心构建课程内容体系，每个工作任务根据本科阶段学习特点，设计若干应用型训练项目，学生根据项目要求以小组方式完成并进行成果汇报，让学生在完成具体项目的过程中学会完成相应工作任务，并构建相关理论知识，发展职业能力。

五、课程教学目标

通过工学结合、校企合作的任务驱动型项目活动，培养学生的职业道德、专业技能水平及可持续发展能力，使学生掌握城市轨道交通各项运输工作的操作环节和相应的规章制度、标准，初步形成一定的学习能力和课程实践能力，培养学生诚实、守信、负责、善于沟通和合作的团队意识，及其重质量、守规范和安全意识，提高学生各方面的职业能力，并通过理论、实训、实习相融合的教学方式，“教、学、做”相结合，把学生培养成为具有良好职业道德的、交通安全管理的理论知识和实践操作技能的人才，以适应市场对城市轨道交通安全管理人才的需求。

1．知识目标

（1）掌握调车计划编制方法。

（2）熟知调车信号、手信号使用规则。

（3）了解机车车辆停留防溜措施。

（4）熟知在车辆段进行的调车作业相关规定。
（5）熟知在特殊天气下的调车作业注意事项。
（6）熟知各类型车辆编组时的要求。
（7）了解列尾装置的摘挂及运用。
（8）熟知列车中机车编挂原则。
（9）熟悉半自动闭塞、自动闭塞工作原理及应用。
（10）掌握电话闭塞操作流程。
（11）掌握接发列车基本要求及标准流程。
（12）熟悉道岔的管理、维护方法。
（13）掌握接发列车的作业标准。
（14）掌握相对方向同时接车和同方向同时接发列车方法。
（15）掌握特殊情况下接发列车作业程序。
（16）了解列车运行的一般要求。
（17）掌握列车在区间被迫停车的处理办法。
（18）能组织开行救援列车。
（19）能组织开行施工列车、路用列车。

2. **能力目标**

（1）能够编制调车作业计划。
（2）准备使用调车信号、手信号指挥列车。
（3）能使用铁鞋制动车辆。
（4）能准确指导车辆在车辆段进行调车作业。
（5）监督调车人员在特殊天气下安全调车。
（6）合理编制关门车在列车中的位置及数量。
（7）会使用列尾装置。
（8）能准确对有火、无火回送的机车进行编挂。
（9）能使用电话闭塞组织列车运行。
（10）能对道岔进行日常的维护并建立台账。
（11）能准确接发列车。
（12）能组织相对方向同时接车和同方向同时接发列车。
（13）能对列车在区间被迫停车情况进行汇报并按调度要求组织补机。
（14）能组织开行救援列车。
（15）能组织开行施工列车、路用列车。

3. **素质目标**

（1）具备基本的安全常识。
（2）具备主动学习、自我发展能力。
（3）具备分工合作、团队协作能力。
（4）具备与人交流的能力。
（5）具备应急事故处理能力。

（6）具备综合分析、解决实际问题的能力。
（7）具备开拓创新的能力。
（8）培养学生团队协作能力、人际沟通协调能力和耐心细致、认真负责的工作作风。
（9）培养良好的职业素质。
（10）培养学生安全意识。
（11）培养学生自我评价和评价他人的能力。
（12）树立全面质量管理观念和意识。

六、参考学时与学分

参考学时：32 时学。
参考学分：2 学分。

七、课程结构

轨道交通技术管理规章课程结构如表 2－23 所示。

表 2－23　轨道交通技术管理规章课程结构

序号	学习任务	职业能力	知识、技能、态度要求	教学活动设计	学时
1	列车开行方案	25－02－01、25－02－02、25－02－03、25－02－04、25－02－05、25－02－06、25－02－07、25－02－08	①会比较运营模式 ②掌握列车长交路 ③掌握列车短交路 ④掌握列车长短交路的使用条件 ⑤能根据客流数据计算列车开行对数 ⑥能计算行车间隔，确定停站方式 ⑦掌握计算停站时间方法 ⑧能计算运营评价指标	任务 1：编制列车运行交路 任务 2：计算客流 任务 3：编制列车运行交路 任务 4：统计列车对数 任务 5：设计列车停站方案 任务 6：方案评估	6
2	列车编组技术	25－02－09、25－02－10、25－02－11、25－02－12、25－02－13、25－02－14、25－02－15	①能模拟列车牵引计算 ②了解车站配线的意义 ③能比较车站配线方案 ④熟知站前折返的优缺点 ⑤熟知站后折返的优缺点 ⑥能计算列车折返时间	任务 1：编组列车 任务 2：根据列车及线路特点设计折返方式 任务 3：计算折返时间 任务 4：计算行车间隔	6

续上表

序号	学习任务	职业能力	知识、技能、态度要求	教学活动设计	学时
3	行车闭塞法	12-02-01、 12-02-02、 12-02-03、 12-02-04、 12-02-05、 12-02-06、 12-02-07、 12-02-08、 12-02-09、 13-03-02	①掌握轨道电路故障情况下的行车组织 ②掌握信号显示故障情况下的行车组织 ③能组织列车故障下的行车组织 ④掌握多区间断电下的行车组织 ⑤掌握联锁设备故障下的行车组织 ⑥掌握隧道进水下的行车组织 ⑦掌握 ATS 系统故障下的行车组织 ⑧掌握 ATP 系统故障下的行车 ⑨掌握 ATO 系统故障下的行车 ⑩能检查、考评与改进行车信号规则	任务 1：演示闭塞信号原理 任务 2：电话闭塞 任务 3：各种驾驶模式演练	8
4	列车运行调度指挥	11-02-01、 11-02-02、 11-02-03、 11-02-04、 11-02-05、 11-02-06、 11-02-07、 11-02-08、 12-01-01、 12-01-03、 13-02-04、 14-01-04、 14-01-05、 14-01-06、 14-01-07、 14-01-08、 14-01-09、 14-01-10、 14-01-11、 14-01-12、 14-01-13、 14-01-14、 14-01-15	①掌握行车设备监控 ②掌握 CCTV 监控 ③能检查运营前行车设备状态 ④掌握监控列车运行情况 ⑤监控车站客流变化 ⑥监控设备运行状态 ⑦监控运行图执行 ⑧监控全线列车位置 ⑨掌握行规等安全生产规章，并落实执行 ⑩能填写行车日志、调度命令登记簿 ⑪能通过 TV，LCP/LCW 监控列车运行及生产设备的运作状态 ⑫会使用 ATS 调度系统 ⑬会使用无线广播 ⑭能正确发布口头调度命令 ⑮会手工绘制列车运行图 ⑯能填写书面调度命令 ⑰能调整列车晚点时的列车运行 ⑱掌握列车早点情况下的组织方法 ⑲掌握扣车的使用 ⑳熟知提前发车的使用规定 ㉑组织加班列车的运行 ㉒掌握客流组织与行车联动要求 ㉓能发布行车信息	任务 1：列车运行监控 任务 2：行车日志填写 任务 3：各类口头调度命令 任务 4：各类书面调度命令 任务 5：运行图调整 任务 6：各类运行计划调整方式演练	6

续上表

序号	学习任务	职业能力	知识、技能、态度要求	教学活动设计	学时
5	车站站务管理制度	17－01－02、17－01－03、17－01－04、17－01－06、17－01－05、17－01－07、17－01－08、17－01－09、17－01－10、17－01－11、18－01－02、18－01－03、18－02－01、18－02－02、18－02－03、18－02－04、18－03－01、18－03－02、18－03－03、19－01－01、19－01－02、19－01－03、19－01－04、19－02－01、19－02－02、19－02－03、19－02－04、19－02－05、19－03－01、19－03－02、19－03－03	①组织车站日常会议 ②掌握日常排班 ③掌握人事考勤、工时管理 ④掌握绩效管理 ⑤掌握日常培训演练 ⑥掌握6S管理 ⑦能进行日常工程跟进 ⑧掌握保安保洁管理 ⑨熟知党群工作 ⑩能进行班组管理及团队建设 ⑪分解上级布置工作任务（安全、票务、服务等） ⑫制订本中心站工作计划（年度、月度） ⑬组织员工了解学习本中心站工作计划情况 ⑭组织各层级落实工作计划 ⑮监督检查落实成效 ⑯总结工作计划 ⑰能按照计划时间检查完成情况 ⑱汇总各模块（安全、票务、服务、培训等）各层级（值班站长、值班员、站务员）完成数值、指标 ⑲能形成总结报告，并作对比分析 ⑳拟定会议通知及议程 ㉑准备会议材料 ㉒组织召开日常会议 ㉓能形成会议纪要 ㉔拟定会议通知及议程 ㉕能联系参会人员 ㉖组织召开会议 ㉗协调解决各单位问题 ㉘能根据生产运作特征，根据业务设计安全、客运、票务、人力、行车施工等专业类会议，准备会议材料 ㉙能分析问题、梳理漏洞、查找隐患、布置整改	任务1：工作完成情况监控 任务2：会议记录及总结 任务3：会务准备	4

续上表

序号	学习任务	职业能力	知识、技能、态度要求	教学活动设计	学时
6	公共关系管理	15－05－08、15－05－09、15－05－10、15－05－11、15－05－12、15－05－17	①设置告示（A3 立柱告示、H 型牌告示等） ②能进行（车站、列车）信息发布 ③掌握并执行危机公关的规章要求（按规章指引配合及在获得授权后接受媒体采访） ④掌握加强日常媒体应对技巧的培训方法，提高敏感度 ⑤能针对突发事件后对事件经过进行原因分析、制定整改措施 ⑥能向上级主管部门及时汇报事件处置过程	任务 1：媒体采取发言 任务 2：时间公共信息筛选	2
合　计					32

注："职业能力"栏目下的职业能力编码与本书"附录 1. 轨道交通运营管理专业职业能力分析表"中的编码对应。

八、资源开发与利用

（一）教材编写与使用

（1）教材编写必须依据本课程标准，教材应充分体现任务引领、实践导向的课程设计思想。

（2）教材应以城市轨道交通运营工作领域各项工作任务的需要，以及实际工作岗位的操作规程，并结合职业技能鉴定考证材料来组织编写；教材应体现以应用为目的，引入的理论知识以必需、够用为度，增加实践内容，强调理论在实践过程中的应用。

（3）教材应图文并茂，提高学生的学习兴趣。教材表达必须精练、准确、科学。教材中活动设计的内容要具体，并具有可操作性。

（4）教材内容应体现先进性、通用性、实用性，要将本专业新技术、新工艺、新材料及行业标准等内容及时纳入教材，使教材更贴近本专业的发展和实际需要。

（二）数字化资源开发与利用

（1）注重该课程项目案例和多媒体教学资源的收集、整理及开发，丰富该课程教学资源。利用实物和多媒体教学资源创设形象生动的工作情境，激发学生对学习城市轨道交通运营相关标准及规则的兴趣，促进学生对相关知识的理解掌握。

（2）搭建和利用网络教学平台，建立该课程的网络教学数据库，积极开发和利用网络课程资源，提高课程资源利用率，促进教学效果的不断提高。

（3）建立本专业开放式实训中心，使之具备现场教学、实训、职业技能证书考证的功能，实现教学与实训合一、教学与培训合一、教学与考证合一，满足对学生职业能力培养的要求。

（4）在条件成熟时开展开放实验实训室活动，支持学生开展课外科学创新活动。

九、教学建议

（一）教学方法

建议采取工学结合、理论教学与实践教学并重的方式开展教学活动。在教学过程中，注重采用现场教学、案例教学和多媒体辅助教学的教学方法。所用案例应充分考虑工学结合的需求，并与专业所依托行业相应岗位的工作实际紧密结合。通过多媒体课件的开发，充分积累课程资源，有效拓展课堂信息量，适当增加课程的趣味性，努力激发学生的学习兴趣和主动性，切实提高本课程的学习效果。在实践教学中，注重真案真做，实践内容与工作实际紧密结合，增强解决实际问题的能力，并增加对行业及岗位实际的认识。鼓励学生通过实践操作提高专业技能。

（二）教学条件

1. 软硬件条件

（1）制作与教材配套的多媒体课件、微课视频。

（2）积极开发和利用网络课程资源。

（3）配置教学一体化实训室。

（4）具有3家以上城市轨道交通类的校外企业实训基地供学生实训。

2. 师资条件

对任课教师的基本要求：

（1）职业能力要求：能够实际操作、演示示范相关实操内容。

（2）知识结构要求：精通轨道交通技术管理规章课程的教学内容。

（3）需要有相关专业背景、独立的实训室管理与检修经验，能定期对相关设备进行维护。

十、教学评价

（1）改革传统的学生评价手段和方法，采用阶段评价、过程性评价与目标评价相结合，项目评价，理论与实践一体化评价的评价模式。

（2）关注评价的多元性，结合平时纪律、学习主动性、知识掌握情况、项目完成情况综合评定学生成绩。

（3）应注重对学生分析问题、解决问题能力的考核，对在学习和应用上有创新的学生应予以特别鼓励，全面综合评价学生能力。该课程的学习成绩可考虑改用课程设计与答辩的方式来进行评定。

（撰稿人：彭湘涛、李俊辉）

高本衔接本科学段：轨道交通规划与设计课程标准

一、课程名称

轨道交通规划与设计。

二、适用专业

既适用于高本衔接的本科轨道交通运营管理专业，又适用于本科的其他轨道交通类专业，还适用于本科的交通运输类专业。

三、课程性质

本课程是高本衔接本科学段轨道交通运营管理专业必修的一门专业主干课程。开设的主要目的是使学生了解轨道交通规划和设计的意义，掌握轨道交通规划的多项内容并学会基础的规划设计技术，能够结合实际的轨道交通项目进行一定的规划内容设计，培养学生从事轨道交通规划设计的基本意识和基础能力，为学生将来从事本专业工作培养基本专业素质，为深入学习轨道交通设计相关课程打下基础。

四、课程设计

本课程针对城市轨道交通规划与设计的实际情况，旨在让学生掌握城市轨道交通的规划理论、路网设计及评价方法、车站设计方法及车辆基地设计内容及方法等。课程内容突出对学生实际运用能力的训练，能力训练要紧紧围绕知识点展开，由于本课程涉及设计的多阶段步骤，因此前后的设计训练应该是紧密相连的，最可行且较为有效的训练方法可以是结合实际的城市轨道交通项目来展开、从而保证了教学过程的生动性，又能使学生接受知识点的能力更强。本课程也鼓励通过校企合作、校内实训基地建设等多种途径，采取工学结合、课程设计等形式，充分开发学习资源，给学生提供丰富的认知、实践的机会。教学效果评价采取过程性评价与结果性评价相结合，理论与实践相结合，理论考试重点考核与实践能力紧密相关的知识，重点评价学生的专业素质。

五、课程教学目标

通过本课程的教学，要求学生树立轨道交通规划及设计的基本意识，掌握基础理论并运用基本技能，其中，重点学会“四阶段”规划法，能够完成轨道交通需求预测；掌握轨道交通规划由网及点的规划步骤及其各阶段内容。培养学生在理论学习的基础上，学会对知识的应用与结合案例的实践操作；树立在设计过程中的协作、团队意识，培养严谨分析问题与解决问题的能力。

1. **知识目标**

（1）了解轨道交通发展的现状，理解轨道交通规划在整个轨道交通生命周期中的意义。

（2）掌握轨道交通规划的“四阶段”法，即交通出行生成预测、分布交通量的预测、交通方式划分、轨道交通量分配。

（3）了解轨道交通网络类型及其特点。

（4）了解轨道交通路网方案评价内容、评价方法及其指标。

（5）掌握轨道交通线路类型及其特点、设计要点。

（6）掌握轨道交通线路设计的主要内容及关键因素。

（7）熟悉轨道交通线路设计标准。

（8）了解轨道交通线路走向选择及车站分布设计的要点。

（9）掌握轨道交通线路运营组织特点与线路设计的关系。

（10）了解轨道交通车站类型及其特点。

（11）掌握不同轨道交通类型车站设计要点，包括中间站、首末站、换乘站等。

（12）了解轨道交通车辆基地在整个运营中的作用及在轨道交通工程中的地位。

（13）掌握不同轨道交通车辆基地的类型及特点。

（14）了解车辆基地设计的主要内容。

（15）掌握车辆段设计的部分要点。

（16）了解不同网络条件下的客流组织特点及其客流控制的方法。

（17）了解不同配线对运营组织的作用和影响。

2. **能力目标**

（1）学会利用理论知识进行轨道交通网络结构分析。

（2）能够进行轨道交通路网方案评价。

（3）能够辨别轨道交通线路适用类型。

（4）能够结合案例或实际项目进行轨道交通线路走向选择及车站分布设计。

（5）能够按阶段及步骤完成轨道交通线路基础设计。

（6）能够结合案例或实际项目进行轨道交通车站类型选择。

（7）学会为不同轨道交通线路选择合适的车辆基地。

（8）能够完成一定的轨道交通车辆基地设计。

（9）能够考虑运营及客流等因素的影响。

（10）学会利用多种设计工具（如TransCAD等）进行规划设计，并完成成果编制和展示。

3. **素质目标**

（1）培养学生团队协作能力、人际沟通协调能力和耐心细致、认真负责的工作作风。

（2）培养学生的独立思考问题的能力，形成自我的设计理念。

（3）培养学生对于设计工作的系统化、标准化意识。

（4）培养学生吃苦耐劳、勇于挑战困难的精神。

六、参考学时与学分

参考学时：48 学时。

参考学分：3 学分。

七、课程结构

轨道交通规划与设计课程结构如表 2－24 所示。

表 2－24 轨道交通规划与设计课程结构

序号	学习任务	职业能力	知识、技能、态度要求	教学活动设计	学时
1	轨道交通需求预测	20－01、20－02、22－01、23－01、23－02、23－03、24－01、24－03	①学会交通规划四阶段法及其思想：出行生成预测、分布交通量的预测、交通方式划分、轨道交通量分配 ②了解我国轨道交通客流量预测方法的现状	任务 1：四阶段法计算练习 任务 2：了解并熟悉某城市轨道交通需求预测的案例	6
2	轨道交通路网设计	21－01、21－02、22－01、23－01、23－02、23－03、25－03	①掌握轨道交通系统的基础知识 ②掌握轨道交通网络类型及其特点，学会进行轨道交通网络结构分析 ③了解轨道交通路网方案评价内容、评价方法及其指标	任务 1：以具体某城市轨道交通为例进行网络特点分析 任务 2：以某城市轨道交通网络为例进行多方案评价练习	8
3	轨道交通线路设计	20－03、21－01、21－02、22－01、23－01、23－03、24－02、25－02	①了解轨道交通线路设计主要内容及步骤 ②掌握轨道交通线路类型及其特点 ③熟悉线路设计标准 ④学会进行线路走向选择及车站分布设计 ⑤学会一定的线路运营组织特点	任务 1：认识轨道交通线路类型 任务 2：熟记部分设计标准 任务 3：以某城市轨道交通线路为例进行线路走向方案设计及选择	8
4	轨道交通车站设计	21－01、21－02、22－01、23－01、23－03	①了解车站类型及其特点 ②掌握不同类型车站设计要点	任务 1：考察某城市轨道交通线网中的不同类型车站 任务 2：结合某城市轨道交通线路特点进行车站类型选择并设计	10

续上表

序号	学习任务	职业能力	知识、技能、态度要求	教学活动设计	学时
5	轨道交通车辆基地设计	20－03、21－01、21－02、22－01、23－01、23－03、24－02、24－04、25－01	①了解车辆基地的作用、类型及特点 ②了解车辆基地设计的主要内容 ③掌握车辆段设计的部分要点	任务1：考察某城市轨道交通车辆基地 任务2：为某城市轨道交通线路进行车辆基地设计	8
6	轨道交通运营组织与线网、线路设计的关系	09－02、09－03、14－01、24－01、24－03、25－03	①掌握网络化运营的概念 ②了解不同网络条件下的客流组织特点及其客流控制的方法 ③了解不同配线对运营组织的作用和影响	任务1：分析某城市网络化运营的特点 任务2：针对一定大客流条件进行客流组织方案设计	8
合　计					48

注："职业能力"栏目下的职业能力编码与本书"附录1．轨道交通运营管理专业职业能力分析表"中的编码对应。

八、资源开发与利用

（一）教材编写与使用

（1）教材编写必须依据本课程标准，教材应保证对理论知识的系统展示并能保证学生对实际、操作能力的训练。

（2）教材应层次分明、重点突出，以"四阶段"法、线路设计、车站设计等为重点内容，在详细阐述各内容的同时运用案例教学，使理论与实际结合。

（3）教材应图文并茂，提高学生的学习兴趣。教材表达必须精练、准确、科学。教材中活动设计的内容要具体，并具有可操作性。

（4）教材内容应体现与时俱进的原则，在教材中融入当下轨道交通规划的新思路，以及部分轨道交通网络、线路、车站设计的优秀案例，由此提升学生的感官认识和对运用知识而带来的成果的直观感受。

（二）数字化资源开发与利用

（1）本课程由于涉及理论和设计操作的内容，因此数字化资源的开发要体现对知识点全面、形象化的展示。针对知识点可开发微课、制作微视频等内容；针对学生的感知认识可由学生制作视频，介绍自身对理论知识和实际轨道交通工程的认知；针对设计步骤、操作等动手练习，可以辅助设计工具等进行数字化教学资源的开发。目的在于激发学生对知识运用的兴趣和促进学生对相关知识的理解掌握。

（2）搭建和利用网络教学平台，建立该课程的网络教学数据库，既保证对理论知识的数字化、生动化体现，又使得本课程的设计、操作等环节简单、明了，同时建议增设学生互动和讨论环节，保证学生在实际操作过程中对所遇问题的及时反馈和解决。

（3）建立本专业开放式实验室，配置教学模型、操作软硬件等，使之具备现场教学、实训的功能，满足对学生认知和操作的要求。

（4）与部分轨道交通运营企业、规划设计企业建立一定合作，要请现场工作人员或规划设计人员开展知识点讲座，以及条件允许的情况下组织学生到实际线路、车辆基地等进行认知考察和学习，提高直观感受。

九、教学建议

（一）教学方法

本课程宜采取理论与实践互补的方式展开教学，采用课程理论教学、现场教学、案例教学、实际操作教学等形式。理论教学环节要将知识点讲透，同时针对设计、计算等环节需要安排一定的练习。现场教学可安排学生自发或有组织地到相应的轨道交通线路、车站、车辆基地等进行认知考察。案例教学可结合现实中的部分优秀案例，对知识点进行分解和细化，增加学生的感官认知。实际操作教学需要通过项目作业的形式，安排单独作业或小组作业进行设计练习，包括网络、单线路、车站、车辆基地等多种练习。通过多环节循序渐进，既保证学生对理论的深入学习，又保证通过练习等提高其实际运用能力。

（二）教学条件

1．软硬件条件

（1）制作与教材配套的多媒体课件、微课视频。

（2）积极开发和利用网络课程资源。

（3）配置教学模拟设备或模型。

（4）配置校外企业实训基地供学生认知、实训练习。

2．师资条件

对任课教师的基本要求：

（1）职业能力要求：具备扎实的理论知识体系，能够实际操作、设计相关实际项目。

（2）知识结构要求：精通轨道交通规划与设计、运营组织的相关教学内容。

十、教学评价

（1）结合学生对理论知识、实践能力的接受和掌握程度分别进行教学效果的评价。

（2）采用多元评价手段，结合平时纪律、学习主动性、知识掌握情况、项目完成情况综合评定学生成绩。

（3）突出对学生实践能力的培养评价，通过设定练习项目、分组完成、项目汇报和展示等形式开展具体的、分阶段的教学成果检验评价，从而保证教学效果更扎实。

（撰稿人：郑　锂、宋以华）

高本衔接本科学段：轨道交通通信信号系统课程标准

一、课程名称

轨道交通通信信号系统。

二、适用专业

既适用于高本衔接的本科轨道交通运营管理专业，又适用于本科的其他轨道交通类专业。

三、课程性质

本课程是高本衔接本科学段轨道交通运营管理专业必修的一门专业主干课程。开设的主要目的是使学生了解轨道交通通信系统（包括传输子系统、公用电话子系统、专用电话子系统、无线集群子系统、广播子系统、时钟子系统、闭路监视子系统、乘客向导子系统、电源及接地子系统）和信号系统专业知识，为学生将来从事本专业工作培养基本的专业素质。

四、课程设计

本课程是培养运营岗位的通信信号基础知识和设备运用维护能力，因此侧重于对信号设备的运营、维护能力，课程注重实践能力的培养和与实际项目的结合。课程内容突出对学生实际运用能力的训练，能力训练要紧紧围绕知识点展开，由于本课程涉及通信信号系统较多硬件设备和软件系统使用和操作，所以最可行的且较为有效的训练方法是结合实际的城市轨道交通工作项目来展开，不仅保证了教学过程的生动性，又能使学生接受知识点的能力更强。本课程也鼓励通过校企合作、校内实训基地建设等多种途径，采取工学结合、课程设计等形式，充分开发学习资源，给学生提供丰富的认知、实践的机会。教学效果评价采取过程性评价与结果性评价相结合，理论与实践相结合，理论考试重点考核与实践能力紧密相关的知识，重点评价学生的专业素质。

五、课程教学目标

1. **知识目标**

（1）认识信号继电器分类、作用、结构、原理，组成电路。

（2）认识各种信号继电器及其各部分零件的名称及功能。

（3）认识色灯信号机的结构及各部件的名称、功能。

（4）掌握信号机的作用、各种信号显示的含义。

（5）掌握转辙机分类、作用、结构、动作原理。

（6）掌握转辙机各部件名称、设置原则。

（7）了解轨道电路的分类、作用。
（8）了解轨道电路的构成、原理。
（9）认识轨道电路图。

2. **能力目标**

（1）掌握信号机分类、作用、主要结构、原理、特性、控制电路，能处理简单故障。
（2）掌握信号继电器分类、作用、主要结构、原理、特性、能进行电气参数的测试。
（3）掌握转辙机分类、作用、主要结构、原理、道岔的组成及调试。
（4）掌握轨道电路分类、作用、原理，能处理简单故障。
（5）掌握几种防雷装置的结构、原理，接地装置的种类、技术规范。
（6）掌握联锁的概念，能绘制联锁图表。

3. **素质目标**

（1）培养学生耐心细致、认真负责的工作作风。
（2）培养学生独立思考问题的能力，形成自我的设备运用维护理念。
（3）培养学生对于通信、信号设备工作的系统化、标准化意识。
（4）培养学生吃苦耐劳、勇于挑战困难的精神。

六、参考学时与学分

参考学时：32 学时。
参考学分：2 学分。

七、课程结构

轨道交通通信信号系统课程结构如表 2－25 所示。

表 2－25　轨道交通通信信号系统课程结构

序号	学习任务	职业能力	知识、技能、态度要求	教学活动设计	学时
1	信号继电器	11－02－02、12－02、13－01、13－02、13－03	①介绍信号继电器分类、作用、结构、原理，组成电路 ②能识别各种信号继电器，并掌握其各部分零件的名称及功能 ③介绍信号继电器的额定值，充磁值、释放值的概念 ④通过动手练习，掌握测量信号继电器工作值的方法、反向工作值、转极值的方法 ⑤介绍几种改变继电器延时时长的方法 ⑥掌握改变继电器延时时长的常用方法和原理	任务 1：拆装 3 种以上典型的信号继电器，并通过实验学习继电器的工作原理 任务 2：利用继电器测试台测试各种继电器的电气参数 任务 3：由学生设计，并搭建常用继电器延时电路来调整延时时长；通过给继电器增加（更换）铜线圈架改变继电器的延时时长	12

续上表

序号	学习任务	职业能力	知识、技能、态度要求	教学活动设计	学时
2	信号机	14－01、14－02	①介绍色灯信号机的组成，功能及原理 ②要求能够掌握色灯信号机的结构及各部件的名称、功能 ③介绍信号机的作用，列举各种信号显示的含义 ④掌握信号机的作用及各种显示的含义	任务1：拆、装色灯信号机 任务2：演示信号机的各种显示	8
3	转辙机	15－01－03、15－01－07、15－01－08、15－01－09、15－04－15、15－05－09	①讲述转辙机的分类、作用、结构、动作原理 ②掌握转辙机各部件名称、设置原则 ③掌握道岔的组成 ④讲述转辙机各部件能量传递过程，强化对其动作原理的理解 ⑤能拆、装ZD6型转辙机 ⑥能更换ZD6型转辙机的挤切销	任务1：操作各种转辙机的动作 任务2：拆、装ZD6型转辙机，更换其挤切销	6
4	轨道电路	17－02－13、17－02－14、17－02－15、17－02－16、20－03－03	①讲述轨道电路的分类、作用 ②能识别各种轨道电路 ③掌握轨道电路的构成、原理 ④介绍轨道电路的三种状态，一次电路调整的概念和方法 ⑤能识别轨道电路图，能调整轨道电路 ⑥能测试轨道电路电气参数	任务1：搭建安全型轨道电路，并且演示其工作原理 任务2：调整安全型轨道电路，并且测量其电气参数	6
合计					32

注：“职业能力”栏目下的职业能力编码与本书“附录1. 轨道交通运营管理专业职业能力分析表”中的编码对应。

八、资源开发与利用

（一）教材编写与使用

（1）教材编写必须依据本课程标准，教材应保证对理论知识的系统展示并能保证学生对实际、操作能力的训练。

（2）教材应层次分明、重点突出，分成信号继电器、信号机、转辙机、轨道电路四个模块，在详细阐述各模块的同时多开展现场教学，使理论与实际结合。

（3）教材应图文并茂，提高学生的学习兴趣。教材表达必须精练、准确、科学。教材中图应能清晰展示各设备的结构、原理，并具有可操作性。

（4）教材内容应体现与时俱进的原则，在教材中融入当下轨道交通企业最新通信信号产品、技术，由此提升学生的感官认识和对运用知识而带来的成果的直观感受。

（二）数字化资源开发与利用

（1）本课程由于涉及理论和设计操作的内容，因此数字化资源的开发，要体现对知识点的全面、形象化展示。针对知识点可开发微课、制作微视频等内容，由于本课程侧重设备的原理、结构、运营和维护，因此应多开发多媒体课件、动画和视频等资源，将知识点逐个立体展现。

（2）搭建和利用网络教学平台，建立该课程的网络教学数据库，既保证对理论知识的数字化、生动化体现，又使得本课程的设计、操作等环节简单、明了，同时建议增设学生互动和讨论环节，保证学生在实际操作过程中对所遇问题的及时反馈和解决。

（3）建立本专业开放式实验室，配置教学模型、操作软硬件等，使之具备现场教学、实训的功能，满足对学生认知和操作的要求。

（4）邀请轨道交通运营企业通信信号技术骨干、专家来校开展知识点讲座，以及在有条件的情况下组织学生到实际车站、车辆基地等进行认知考察和学习，提高直观感受。

九、教学建议

（一）教学方法

本课程宜采取理论与实践互补的方式展开教学，采用课程理论教学、现场教学、实际操作教学等形式。理论教学环节要将知识点讲透，多聘请校外一线技术骨干开展专题讲座。现场教学可安排学生自发或有组织地到相应的轨道交通、车站、车辆基地等进行认知考察。实际操作教学需要通过项目作业的形式，安排单独作业或小组作业进行设备拆装练习，包括信号机、转辙机等。通过多环节循序渐进，既保证学生对理论的深入学习，又保证通过练习等提高其实际运用能力。

（二）教学条件

1. 软硬件条件

（1）制作与教材配套的多媒体课件、微课视频、动画资源。

（2）积极开发和利用网络课程资源。

（3）配置信号机、转辙机等真实设备，或模型和虚拟3D仿真系统。

（4）配置校外企业实训基地供学生认知、实训练习。

2. 师资条件

对任课教师的基本要求：

（1）职业能力要求：具备扎实的理论知识体系，能够实际操作、运用相关实际设备，能够精通信号设备及原理。

（2）知识结构要求：学习过轨道交通通信信号系统课程，具备轨道交通运营企业通信设备、信号设备维护经验或者参加过企业跟岗培训。

十、教学评价

（1）结合学生对理论知识、实践能力的接受和掌握程度分别进行教学效果的评价。

（2）采用多元评价手段，结合平时纪律、学习主动性、知识掌握情况、项目完成情况综合评定学生成绩。

（3）突出对学生实践能力的培养评价，通过设定练习项目、分组完成、项目汇报和展示等形式开展具体的、分阶段的教学成果检验评价，从而保证教学效果更扎实。

（撰稿人：李俊辉、黎新华、郭英明）

附　　录

1. 轨道交通运营管理专业职业能力分析表

工作项目/职业素养		工作任务/职业素养分类		职业能力（知识、技能、方法、工具、要求）		学习水平		
						中职 Li	高职 Lj	本科 Lk
01	乘客问询	01-01	仪容仪表规范	01-01-01	按规定正确进行着装及配饰	L1		
				01-01-02	使用规范的服务语言	L1		
				01-01-03	注意上岗精神面貌	L1		
				01-01-04	熟练掌握标准服务手势	L1		
		01-02	问询	01-02-01	熟知车站内部、车站周边环境	L1		
				01-02-02	耐心解答乘客问题	L1		
				01-02-03	准确进行语言表达	L1		
				01-02-04	熟悉换乘线路图	L2		
				01-02-05	记忆地铁票价图	L2		
				01-02-06	听懂乘客表达	L2		
				01-02-07	正确进行指路	L2		
				01-02-08	主动向有需要的乘客询问是否需要帮助	L2		
02	服务事务处理	02-01	乘客投诉处理	02-01-01	认真听取并记录乘客意见，及时上报	L1		
				02-01-02	灵活处理乘客投诉，掌握投诉处理技巧	L2		
				02-01-03	掌握“易人、易地、易性”服务原则	L2		
				02-01-04	掌握乘客走失、遗失物品的处理方法	L1		
				02-01-05	坚持“打不还手、骂不还口”原则	L1		

续上表

工作项目/职业素养		工作任务/职业素养分类		职业能力（知识、技能、方法、工具、要求）		学习水平 中职 Li	学习水平 高职 Lj	学习水平 本科 Lk
02	服务事务处理	02－02	AFC 设备故障乘客票务处理	02－02－01	AFC 设备故障的乘客事务处理——卡票	L2		
				02－02－02	AFC 设备故障的乘客事务处理——卡币		L2	
				02－02－03	AFC 设备故障的乘客事务处理——设备故障排除		L3	
				02－02－04	AFC 设备故障的乘客事务处理——少找零		L2	
				02－02－05	AFC 设备故障的简单维修、故障的现象描述和上报		L3	
		02－03	乘客物品处理	02－03－01	处理乘客遗失的储值票、现金		L3	
				02－03－02	乘客行包超限事务处理		L3	
				02－03－03	乘客遗失物品处理		L3	
				02－03－04	乘客物品掉落轨道处理		L3	
				02－03－05	乘客携带违禁品处理		L3	
		02－04	乘客意见处理	02－04－01	乘客满意度调查		L3	
				02－04－02	掌握并执行人员服务管理办法	L1		
				02－04－03	执行乘客事务管理规定		L3	
				02－04－04	乘客意见卡的收集	L1		
				02－04－05	乘客意见卡的汇总		L3	
		02－05	乘客服务质量提高	02－05－01	乘客投诉的接待		L3	
				02－05－02	乘客投诉的处理上报		L3	
				02－05－03	监控失物的管理		L3	
				02－05－04	对日常客服工作进行检查与考评，及提高服务质量			L5
				02－05－05	对乘客投诉及客伤等客服事件进行分析考核与改进			L5

续上表

工作项目/职业素养		工作任务/职业素养分类		职业能力（知识、技能、方法、工具、要求）		学习水平 中职 Li	高职 Lj	本科 Lk
03	客服中心售票	03－01	售票充值业务	03－01－01	掌握兑零、找零标准程序	L1		
				03－01－02	操作 BOM 售卡	L1		
				03－01－03	操作 BOM 充值	L1		
		03－02	不同车票的操作	03－02－01	控制儿童票的发放	L1		
				03－02－02	控制行李票的发放	L1		
				03－02－03	严格审查优惠票的使用		L2	
				03－02－04	解释各类车票的异同		L3	
		03－03	售票设备操作	03－03－01	识别硬币真伪		L3	
				03－03－02	引导乘客使用 TVM 自助售票	L1		
				03－03－03	熟练使用现金清点设备	L1		
				03－03－04	整理客服中心的布局	L1		
04	日常票务业务处理	04－01	票务事务处理	04－01－01	正确识别现金		L3	
				04－01－02	熟知乘客退票处理流程		L3	
				04－01－03	熟知无效票处理		L3	
				04－01－04	熟悉其他异常车票处理		L3	
				04－01－05	办理票务审批			L4
		04－02	填写报表	04－02－01	熟知票务纸质报表的填写			L4
				04－02－02	票据、票务报表及台账的保管、上交			L4
				04－02－03	熟悉票务报表审核			L4
		04－03	票务设备操作	04－03－01	熟练操作闸机设备		L3	
				04－03－02	熟练掌握 BOM 售票	L2		
				04－03－03	分析车票处理		L3	
				04－03－04	对 AFC 设备故障进行判断		L3	
				04－03－05	对 TVM 设备故障进行判断		L3	

续上表

工作项目/职业素养		工作任务/职业素养分类		职业能力（知识、技能、方法、工具、要求）		学习水平 中职 Li	高职 Lj	本科 Lk
05	票务安全管理	05－01	票务应急处理	05－01－01	出站免检情况下的票务处理方法			L4
				05－01－02	进站免检情况下的票务组织			L4
				05－01－03	大客流情况下的票务组织			L4
				05－01－04	处理日期免检模式下的票务			L4
				05－01－05	车站票务设备下的票务处理			L4
				05－01－06	多台售票机故障下的票务处理			L4
				05－01－07	预制票（纸票）的发放原则		L3	
		05－02	执行票务安全管理规定	05－02－01	熟知车票安全管理规定	L1		
				05－02－02	熟知现金安全管理规定	L1		
		05－03	车票、现金及票务设备管理	05－03－01	控制硬币流失		L3	
				05－03－02	票务值班工作		L2	
				05－03－03	熟悉客服中心安全管理条例	L1		
				05－03－04	车站车票与现金的保管		L3	
				05－03－05	车站车票与现金的配发		L4	
				05－03－06	车站车票与现金的结算		L4	
				05－03－07	票务备品台账管理		L3	
		05－04	票务安全	05－04－01	掌握并执行票务规章制度			L4
				05－04－02	确保车站票款、备用金安全			L4
				05－04－03	确保车站现金（票款、备用金）存放安全			L4
				05－04－04	确保车站现金（票款、备用金）运送安全			L4
				05－04－05	确保车站现金（票款、备用金）交接安全			L4

续上表

工作项目/职业素养		工作任务/职业素养分类		职业能力（知识、技能、方法、工具、要求）		学习水平 中职 Li	高职 Lj	本科 Lk
06	票务统计和银行业务	06－01	票务内审	06－01－01	票务岗位工作巡查		L4	
				06－01－02	票务报表文件审查			L4
		06－02	银行业务	06－02－01	协调与银行的现金业务			L4
				06－02－02	与银行进行解行		L4	
				06－02－03	申领车站硬币备用		L4	
		06－03	票务统计分析	06－03－01	售票结算		L4	
				06－03－02	车站票务数据统计		L4	
				06－03－03	根据票务统计分析客流特征		L4	
				06－03－04	上报车站票务收入		L4	
				06－03－05	分析车票发售规律			L5
07	客运服务	07－01	正常巡视	07－01－01	熟悉安全关键点或危险源，例如扶梯、出入口、站厅、站台等	L1		
				07－01－02	关注乘客动态，老弱病残、醉酒乘客等	L1		
				07－01－03	会使用对讲机，及时汇报现场情况	L1		
				07－01－04	会挽留目击证人，保护自身安全	L2		
		07－02	维护车站运营环境	07－02－01	维持站厅站台秩序	L2		
				07－02－02	及时发现、制止闲杂人员在站内摆摊、派发传单、乞讨等	L2		
				07－02－03	会使用各种设备钥匙，能妥善保管钥匙	L1		
				07－02－04	及时关注车站运营环境	L1		
				07－02－05	及时摆放警示牌	L1		
				07－02－06	能根据巡查状况及时汇报车控室	L1		
				07－02－07	按操作标准为乘客提供服务，及时帮助有困难乘客	L1		
				07－02－08	要求多看、多问、多听、多巡视	L1		
				07－02－09	掌握扶梯运作状态及故障代码查询		L2	

续上表

工作项目/职业素养		工作任务/职业素养分类		职业能力（知识、技能、方法、工具、要求）		学习水平		
						中职 Li	高职 Lj	本科 Lk
08	站厅巡查	08－01	危险品控制	08－01－01	熟练进行危险品识别		L2	
				08－01－02	熟悉大件物品（超长、超大、超重）的标准	L1		
				08－01－03	熟练使用安检设备及金属探测器等	L2		
				08－01－04	及时制止可疑物品或危险品进站乘车	L2		
				08－01－05	能够做好乘客安抚解释工作	L2		
				08－01－06	及时向上级汇报	L1		
		08－02	设备设施巡视和操作	08－02－01	熟练掌握液压梯设备操作流程		L2	
				08－02－02	熟练掌握扶梯设备操作流程		L2	
				08－02－03	熟练掌握残疾人牵引梯设备操作流程		L2	
				08－02－04	熟练掌握设备的开启和关闭		L2	
				08－02－05	熟知告示牌摆放，铁马、围栏等的摆放要求	L1		
				08－02－06	掌握闸机设备操作使用	L2		
				08－02－07	掌握售票机操作使用	L2		
				08－02－08	掌握自动充值机设备操作使用	L2		
				08－02－09	掌握手持验票机设备操作使用	L2		
				08－02－10	关注导向引导标识状态	L1		
				08－02－11	监听广播服务状态	L1		
				08－02－12	监控消防设备是否完整	L1		
				08－02－13	监控及回馈乘客信息系统	L1		

续上表

工作项目/职业素养		工作任务/职业素养分类		职业能力（知识、技能、方法、工具、要求）		学习水平		
						中职 Li	高职 Lj	本科 Lk
09	客流组织与引导	09－01	客流监控	09－01－01	及时监控和汇报客流状态	L1		
				09－01－02	判断大客流的级别	L1		
		09－02	车站客流控制引导	09－02－01	启动客流控制时，现场布置铁马、伸缩栏杆、围栏的摆放熟知客流引导时告示摆放	L1		
				09－02－02	与车控室进行联控和安抚乘客	L1		
				09－02－03	进行客流关键点的引导	L1		
				09－02－04	操作一、二、三级客流控制		L2	
				09－02－05	线控客流引导，接收控制命令		L3	
		09－03	执行客流组织预案	09－03－01	执行常态化客流组织情况下的客流组织方案		L3	
				09－03－02	执行突发客流情况下的客流组织方案		L3	
				09－03－03	熟悉客流组织步骤			L4
				09－03－04	进行常态化客流控制		L3	
				09－03－05	掌握大型活动客流组织		L3	
				09－03－06	熟练掌握节假日客流控制		L2	
				09－03－07	领会站控的使用条件			L4
				09－03－08	组织开展线控			L4
				09－03－09	配合做好客流网控			L4
				09－03－10	组织单方向越站的车站客流			L4
				09－03－11	开展客流特征分析			L4
		09－04	设备与客流监控	09－04－01	环控（BAS 系统）应急模式运行操作		L3	
				09－04－02	操作 PIS 发送乘客信息	L2		
				09－04－03	照明系统控制	L2		
				09－04－04	通风系统操作	L2		

续上表

工作项目/职业素养		工作任务/职业素养分类		职业能力（知识、技能、方法、工具、要求）		学习水平 中职 Li	高职 Lj	本科 Lk
09	客流组织与引导	09－04	设备与客流监控	09－04－05	车站温度、湿度控制	L2		
				09－04－06	广播系统操作	L2		
				09－04－07	消防水泵的使用	L2		
				09－04－08	消防（FAS）［温感、烟感及报警按钮、复位（深铁上报）等操作］		L3	
				09－04－09	车站全方位监控（车站监控系统的操作及日常监控）		L3	
				09－04－10	根据现场情况进行客流组织		L3	
10	客伤处理	10－01	客伤认定	10－01－01	掌握有责客伤划分及处理规定			L4
				10－01－02	掌握无责客伤划分及处理规定			L4
				10－01－03	掌握单体客伤划分及处理规定			L4
				10－01－04	掌握群体客伤划分及处理规定			L4
		10－02	客伤事后处理	10－02－01	做好客伤资料的收集			L4
				10－02－02	留存证据（挽留目击证人、拍照、录音）			L4
				10－02－03	安抚乘客			L4
				10－02－04	准确书写事情经过			L4
				10－02－05	正确处理新闻媒体		L3	
				10－02－06	与客伤负责人做好信息沟通工作		L4	
11	车站行车作业	11－01	站台接发列车	11－01－01	执行接发列车程序		L3	
				11－01－02	引导乘客文明候车	L1		
				11－01－03	监控站台、列车乘客状态	L2		
				11－01－04	监控站台设备状况及列车运行状况	L2		
				11－01－05	掌握紧急停车按钮操作	L2		
				11－01－06	熟练操作屏蔽门和车门	L2		
				11－01－07	掌握 PSL 操作方法		L2	
				11－01－08	掌握 PSL 互锁解除操作方法		L2	

续上表

工作项目/职业素养		工作任务/职业素养分类		职业能力（知识、技能、方法、工具、要求）		学习水平		
						中职 Li	高职 Lj	本科 Lk
11	车站行车作业	11-01	站台接发列车	11-01-09	掌握紧急疏散情况下屏蔽门开启、关闭方法		L3	
				11-01-10	掌握紧急疏散情况下紧急疏散门开启、关闭方法		L3	
				11-01-11	掌握紧急疏散情况下端门开启、关闭方法		L3	
				11-01-12	掌握清客方法		L3	
		11-02	行车监控	11-02-01	行车设备监控			L4
				11-02-02	CCTV 监控			L4
				11-02-03	运营前行车设备状态检查			L4
				11-02-04	监控列车运行情况			L4
				11-02-05	监控车站客流变化			L4
				11-02-06	监控设备运行状态			L4
				11-02-07	监控运行图执行			L4
				11-02-08	监控全线列车位置			L4
12	行车管理	12-01	行车信息填写	12-01-01	掌握行规等安全生产规章，并落实执行			L4
				12-01-02	读懂并运用运营时刻表		L3	
				12-01-03	能填写行车日志、调度命令登记簿			L4
		12-02	行车故障处理	12-02-01	掌握轨道电路故障情况下的行车组织			L4
				12-02-02	掌握信号显示故障情况下的行车组织			L4
				12-02-03	组织列车故障下的行车组织			L4
				12-02-04	多区间断电下的行车组织			L4
				12-02-05	联锁设备故障下的行车组织			L4
				12-02-06	隧道进水下的行车组织			L4
				12-02-07	ATS 故障下的行车组织			L4
				12-02-08	ATP 故障下的行车			L4
				12-02-09	ATO 故障下的行车			L4
				12-02-10	熟练操作手摇道岔		L3	
				12-02-11	熟练操作消防环控		L3	

续上表

工作项目/职业素养		工作任务/职业素养分类		职业能力（知识、技能、方法、工具、要求）		学习水平 中职 Li	高职 Lj	本科 Lk
13	行车信号系统操作	13－01	行车信号设备操作	13－01－01	熟练操作 IBP		L3	
				13－01－02	熟练操作车站联锁设备		L3	
				13－01－03	熟练操作信号控制系统		L3	
		13－02	运营前检查	13－02－01	组织运营前供电检查		L3	
				13－02－02	组织运营前信号设备测试		L3	
				13－02－03	确认运营线路出清		L3	
				13－02－04	通过 CCTV，LCP/LCW 监控列车运行及生产设备的运作状态			L4
		13－03	行车信号的人工表示	13－03－01	掌握特殊情况下的信号显示		L3	
				13－03－02	检查、考评与改进行车信号规则			L5
				13－03－03	显示发车手信号		L3	
				13－03－04	显示通过手信号		L3	
				13－03－05	显示紧急停车手信号		L3	
				13－03－06	显示三二一车距离信号		L3	
				13－03－07	显示引导信号		L3	
14	行车调度指挥	14－01	行车调度工作	14－01－01	使用调度电话		L3	
				14－01－02	组织列车运营前检查		L3	
				14－01－03	运营中的监视和调度		L3	
				14－01－04	使用 ATS 调度系统			L4
				14－01－05	使用无线广播		L3	
				14－01－06	正确发布口头调度命令			L4
				14－01－07	手工绘制列车运行图			L4
				14－01－08	填写书面调度命令			L4
				14－01－09	列车晚点时的列车运行调整			L4
				14－01－10	列车早点情况下的组织			L4
				14－01－11	扣车的使用			L4

续上表

工作项目/职业素养		工作任务/职业素养分类		职业能力（知识、技能、方法、工具、要求）		学习水平 中职 Li	高职 Lj	本科 Lk
14	行车调度指挥	14－01	行车调度工作	14－01－12	提前发车的使用			L4
				14－01－13	组织加班列车的运行			L4
				14－01－14	客流组织与行车联动			L4
				14－01－15	行车信息发布			L4
		14－02	车辆段调车	14－02－01	制订调车作业计划		L4	
				14－02－02	指挥现场调车		L4	
				14－02－03	排列调车作业进路		L4	
				14－02－04	指挥工程车运行		L4	
				14－02－05	安排列车调试		L4	
15	应急处理	15－01	行车安全应急处理	15－01－01	掌握并执行列车故障事件下的应急预案			L5
				15－01－02	掌握并执行屏蔽门故障事件下的应急预案			L5
				15－01－03	掌握并执行道岔故障事件下的应急预案			L5
				15－01－04	掌握并执行供电故障事件下的应急预案			L5
				15－01－05	参与编写修订行车事件应急预案，并组织员工进行培训学习			L5
				15－01－06	掌握“先通后复”的处理原则		L3	
				15－01－07	信号故障处理		L3	
				15－01－08	道岔故障处理		L3	
				15－01－09	熟练掌握人工排练进路要求		L3	
				15－01－10	会填写行车凭证并熟悉交接程序		L3	
				15－01－11	应急情况下行车设备操作			L4
				15－01－12	非正常情况下降级模式			L4
				15－01－13	紧急情况下协助值班站长清客、电话闭塞法行车双确认		L3	

续上表

工作项目/职业素养		工作任务/职业素养分类		职业能力（知识、技能、方法、工具、要求）		学习水平 中职 Li	高职 Lj	本科 Lk
15	应急处理	15-02	票务应急处理	15-02-01	掌握并执行票务设备故障下的应急预案（TVM 故障、闸机故障、停电）		L4	
				15-02-02	参与编写修订票务应急预案，并组织员工进行培训学习			L4
				15-02-03	监督指导票务应急情况下的车票处理		L3	
				15-02-04	熟练掌握 AFC 设备紧急模式的操作	L2		
		15-03	服务应急处理	15-03-01	掌握并执行乘客服务应急预案	L2		
				15-03-02	参与编写修订乘客服务应急预案，并组织员工进行培训学习			L4
				15-03-03	领会公交接驳的启动条件			L4
				15-03-04	理解公交接驳备品的种类及使用方法		L3	
				15-03-05	监控人性化措施的落实情况		L3	
				15-03-06	处理异物掉入轨行区	L2		
				15-03-07	会使用拾物钳、绝缘棒、绝缘靴、绝缘手套等行车备品	L2		
				15-03-08	做好对乘客的解释及引导	L2		
				15-03-09	处理乘客纠纷	L2		
				15-03-10	纠正乘客不文明行为	L2		
				15-03-11	熟练掌握客伤处理程序与技巧		L3	
				15-03-12	能够及时寻找和挽留至少两位现场目击证人	L2		
				15-03-13	能进行受伤乘客急救及简单医疗处理	L2		
				15-03-14	能对受伤乘客及家属进行安抚	L2		
				15-03-15	准确报告事件经过	L1		
				15-03-16	掌握处理乘客纠纷方法		L2	
				15-03-17	灵活处理乘客投诉		L3	

续上表

工作项目/职业素养		工作任务/职业素养分类		职业能力（知识、技能、方法、工具、要求）		学习水平 中职 Li	高职 Lj	本科 Lk
15	应急处理	15－04	突发事件应急处理	15－04－01	掌握并执行火灾的应急预案			L5
				15－04－02	掌握并执行地震的应急预案			L5
				15－04－03	掌握并执行水灾的应急预案			L5
				15－04－04	参与编写修订各种灾害应急预案并组织员工进行培训学习			L5
				15－04－05	负责跟进处理暴力袭击及其他综治事件			L5
				15－04－06	熟悉消防设备设施、工具等使用，如灭火器、消防铲、消防桶、应急灯担架、绝缘棒、防毒面具等		L3	
				15－04－07	熟练掌握火灾报警的确认程序		L3	
				15－04－08	发生火灾能立刻按压手报装置	L2		
				15－04－09	特殊天气的应急处理，如暴雨、台风、雷电		L3	
				15－04－10	掌握沙包、防洪膜的S形摆放方法		L3	
				15－04－11	掌握特殊天气时对现场情况的准确汇报		L3	
				15－04－12	掌握乘客疏散技巧		L3	
				15－04－13	掌握列车疏散门操作方法		L2	
				15－04－14	熟知轨行区安全行走线路图		L2	
				15－04－15	应急广播（突发事件情况下及时播放）		L2	
		15－05	危机公关处理	15－05－01	灵活应对新闻媒体，不允许发表个人意见及信息	L1		
				15－05－02	接收应急信息		L2	
				15－05－03	及时传达信息到各有关岗位		L2	
				15－05－04	及时向上级部门汇报		L2	
				15－05－05	视情况汇报110、120		L2	

续上表

工作项目/职业素养		工作任务/职业素养分类		职业能力（知识、技能、方法、工具、要求）		学习水平 中职 Li	高职 Lj	本科 Lk
15	应急处理	15－05	危机公关处理	15－05－06	使用自动广播		L2	
				15－05－07	操作人工广播		L2	
				15－05－08	设置告示（A3 立柱告示、H 型牌告示等）			L4
				15－05－09	PIDS（车站、列车）的信息发布		L3	
				15－05－10	掌握并执行危机公关的规章要求（按规章指引配合及在获得授权后接受媒体采访）			L5
				15－05－11	加强日常媒体应对技巧的培训，提高敏感度			L5
				15－05－12	突发事件后对事件经过进行原因分析、制定整改措施			L5
				15－05－13	掌握公共事件处理相关的法律法规	L2		
				15－05－14	掌握危机公共的相关技巧	L2		
				15－05－15	及时协调各单位利用现有资源		L3	
				15－05－16	按照应急处理预案对事件进行处置		L3	
				15－05－17	向上级主管部门及时汇报事件处置过程			L4
16	施工管理	16－01	施工管理	16－01－01	请点（施工作业核对）		L3	
				16－01－02	销点（施工作业核对）		L3	
				16－01－03	理解和执行接收停、送电命令		L3	
				16－01－04	理解和执行封锁解封命令			L4
				16－01－05	理解和执行加开列车命令			L4
				16－01－06	检查施工负责人证、施工作业令、临时出入证			L4
				16－01－07	检查穿戴防护用品是否齐全，如安全帽、绝缘靴			L4
				16－01－08	确认施工结束后的出清情况			L4

续上表

工作项目/职业素养		工作任务/职业素养分类		职业能力（知识、技能、方法、工具、要求）		学习水平 中职 Li	高职 Lj	本科 Lk
16	施工管理	16－01	施工管理	16－01－09	设备安全监控（施工完毕后检查所有设备是否正常）		L3	
				16－01－10	掌握并执行施工管理规定（施工的分类、定义、流程及施工通告）		L3	
				16－01－11	操作施工系统			L4
				16－01－12	填写施工情况控制表			L4
				16－01－13	摆放施工示意图			L4
				16－01－14	做好施工汇报			L4
				16－01－15	制定安全预想			L4
				16－01－16	掌握施工系统故障情况下的施工请点操作			L4
				16－01－17	掌握施工系统故障情况下的施工销点操作（人工纸质办理）			L4
				16－01－18	核查作业令内容、施工人员证件、确认施工请销点条件，与行值共同办理施工请、销点			L4
				16－01－19	做好需车站配合类施工（屏蔽门清洗、广告上下画）			L4
		16－02	施工组织	16－02－01	掌握施工管理作业办法		L3	
				16－02－02	及时组织、协调各单位按进度进行施工		L3	
				16－02－03	检查施工完毕后的状况		L3	
				16－02－04	施工组织安全防护		L3	
				16－02－05	工程车开行		L3	
				16－02－06	施工人员的监管		L3	
				16－02－07	施工质量问题的核查		L3	
				16－02－08	施工的审核		L3	

续上表

工作项目/职业素养		工作任务/职业素养分类		职业能力（知识、技能、方法、工具、要求）		学习水平 中职 Li	高职 Lj	本科 Lk
17	车站基础管理	17－01	车站行政事务管理	17－01－01	接收、传达、归档、整理各类文件，接受上级领导安排工作		L3	
				17－01－02	组织车站日常会议			L4
				17－01－03	日常排班			L4
				17－01－04	人事考勤、工时管理			L4
				17－01－05	绩效管理			L5
				17－01－06	日常培训演练			L5
				17－01－07	6S 管理			L5
				17－01－08	日常工程跟进			L5
				17－01－09	保安保洁管理			L4
				17－01－10	党群工作			L4
				17－01－11	班组管理及团队建设			L5
				17－01－12	新线建设影响评估			L5
				17－01－13	对车站商铺等资源管理			L5
				17－01－14	与公安、运管办等执法部门协调			L5
				17－01－15	驻站维修工班管理			L5
		17－02	备品管理	17－02－01	对绝缘备品进行检查		L4	
				17－02－02	对绝缘备品进行申领		L4	
				17－02－03	对绝缘备品进行送修		L4	
				17－02－04	对绝缘备品进行登记台账		L4	
				17－02－05	对防洪备品（沙包、膨胀袋、抽水泵等）进行检查		L4	
				17－02－06	对防洪备品（沙包、膨胀袋、抽水泵等）进行申领		L4	
				17－02－07	对防洪备品（沙包、膨胀袋、抽水泵等）进行送修		L4	
				17－02－08	对防洪备品（沙包、膨胀袋、抽水泵等）进行登记台账		L4	

续上表

工作项目/职业素养		工作任务/职业素养分类		职业能力（知识、技能、方法、工具、要求）		学习水平		
						中职 Li	高职 Lj	本科 Lk
17	车站基础管理	17－02	备品管理	17－02－09	对消防备品（灭火器、防毒面具、空气呼吸器等）进行检查		L4	
				17－02－10	对消防备品（灭火器、防毒面具、空气呼吸器等）进行申领		L4	
				17－02－11	对消防备品（灭火器、防毒面具、空气呼吸器等）进行送修		L4	
				17－02－12	对消防备品（灭火器、防毒面具、空气呼吸器等）进行登记台账		L4	
				17－02－13	对行车备品（信号灯、信号旗、防爆灯、红闪灯、钩锁器等）进行检查		L4	
				17－02－14	对行车备品（信号灯、信号旗、防爆灯、红闪灯、钩锁器等）进行检查、申领、送修、登记台账		L4	
				17－02－15	对行车备品（信号灯、信号旗、防爆灯、红闪灯、钩锁器等）进行申领		L4	
				17－02－16	对行车备品（信号灯、信号旗、防爆灯、红闪灯、钩锁器等）进行检查、申领、送修、登记台账		L4	
				17－02－17	对防暴备品（警械、护盾、防爆桶等）进行送修		L4	
				17－02－18	对其他安全生产备品（钥匙、撬棍等）进行登记台账		L4	
				17－02－19	钥匙管理		L4	
				17－02－20	钥匙的交接登记		L4	
		17－03	开关站	17－03－01	控制开关站时间		L4	
				17－03－02	明确巡查流程		L3	
				17－03－03	执行设备操作要求		L3	
				17－03－04	明确开关站各岗位的职责		L3	
				17－03－05	严格控制时间节点		L3	
				17－03－06	领会开关站流程		L3	
				17－03－07	开关站前的设备测试		L3	

续上表

工作项目/职业素养		工作任务/职业素养分类		职业能力（知识、技能、方法、工具、要求）		学习水平		
						中职 Li	高职 Lj	本科 Lk
17	车站基础管理	17－04	故障报修	17－04－01	熟悉设备故障报修规定，操作设备故障报修系统		L4	
				17－04－02	负责故障处理情况的跟进、确认以及反馈		L4	
18	计划总结	18－01	制订工作计划	18－01－01	学习、了解上级工作思路方向			L5
				18－01－02	分解上级布置的工作任务（安全、票务、服务等）			L5
				18－01－03	制订本中心站工作计划（年度、月度）			L5
		18－02	推进工作计划	18－02－01	组织员工了解学习本中心站工作计划情况			L5
				18－02－02	组织各层级落实工作计划			L5
				18－02－03	监督检查落实成效			L5
				18－02－04	总结工作计划			L5
		18－03	工作总结	18－03－01	按照计划时间检查完成情况			L5
				18－03－02	汇总各模块（安全、票务、服务、培训等）各层级（值班站长、值班员、站务员）完成数值、指标			L5
				18－03－03	形成总结报告，并作对比分析			L5
19	会务工作	19－01	员工会议	19－01－01	拟定会议通知及议程			L5
				19－01－02	准备会议材料			L5
				19－01－03	组织召开			L5
				19－01－04	形成会议纪要			L5
		19－02	联络协作会议（综合治理会议）	19－02－01	拟定会议通知及议程			L5
				19－02－02	联系参会人员			L5
				19－02－03	组织召开会议			L5
				19－02－04	协调解决各单位问题			L5
				19－02－05	形成会议纪要			L5

续上表

工作项目/职业素养		工作任务/职业素养分类		职业能力（知识、技能、方法、工具、要求）		学习水平 中职 Li	高职 Lj	本科 Lk
19	会务工作	19－03	专业分析会	19－03－01	根据生产运作特征，根据业务设计安全、客运、票务、人力、行车施工等专业类会议，准备会议材料			L5
				19－03－02	组织召开会议			L5
				19－03－03	分析问题、梳理漏洞、查找隐患、布置整改			L5
20	资料收集、整理	20－01	收集、整理城市规划资料	20－01－01	能从规划资料中提出用地、人口、社会经济等信息		L2	
				20－01－02	能够对收集的资料进行归纳		L2	
		20－02	收集、整理城市现状资料	20－02－01	阅读地形、管线、建构筑物等专业信息		L2	
				20－02－02	筛选与项目有关信息		L2	
		20－03	收集、整理接口专业资料	20－03－01	提取线路平纵断面资料		L2	
				20－03－02	提取车辆技术参数		L2	
				20－03－03	阅读信号等专业资料		L2	
				20－03－04	阅读场站位置、布局		L2	
21	项目调研	21－01	现场勘察	21－01－01	使用秒表、速度记录仪、视频拍摄等设备		L2	
				21－01－02	制订调研计划，挑选调研人员			L3
				21－01－03	设计勘察路线，注意勘察点			L3
		21－02	数据采集	21－02－01	记录现场交通信息		L2	
				21－02－02	筛选有效数据		L2	
				21－02－03	汇总调研信息		L2	
				21－02－04	对数据进行分析		L2	
22	项目沟通协调	22－01	执行业主需求	22－01－01	理解规划、交通等部门相关需求		L2	
				22－01－02	通过图纸、文件等资料落实需求		L2	
		22－02	采集专业负责人需求	22－02－01	领会专业负责人对完成具体方案的方法、步骤、要求		L2	

续上表

工作项目/职业素养		工作任务/职业素养分类		职业能力（知识、技能、方法、工具、要求）		学习水平 中职 Li	高职 Lj	本科 Lk
22	项目沟通协调	22－03	向技术员下达指令	22－03－01	理解并正确表述上级或业主指令			L4
		22－04	与接口专业进行协调	22－04－01	向接口专业开放资料			L4
				22－04－02	从接口专业获取资料、反馈信息			L4
23	图形绘制	23－01	执行专业规范	23－01－01	执行《地铁设计规范》等规范		L2	
				23－01－02	执行专业相关行业标准		L2	
				23－01－03	执行项目技术要求		L2	
		23－02	使用专业软件	23－02－01	使用客流预测软件，如 TransCAD		L2	
				23－02－02	使用客流仿真软件		L2	
				23－02－03	使用列车运行仿真、列车运行图编制等软件		L2	
		23－03	使用绘图基本软件	23－03－01	使用 Office 办公软件		L2	
					使用 AutoCAD 软件		L2	
					使用 Photoshop、视频剪辑等软件		L2	
24	专业数据处理	24－01	客流数据处理	24－01－01	统计客流 OD、站点集散量等数据		L2	
				24－01－02	标定最大断面客流		L2	
				24－01－03	绘制客流断面分布图		L2	
		24－02	线路数据处理	24－02－01	提取线路坡度、里程、曲线等数据		L2	
				24－02－02	提取专业软件所需的线路要素		L2	
		24－03	分析数据	24－03－01	分析客流特征		L3	
		24－04	车辆数据处理	24－04－01	提取车辆尺寸、重量等数据		L2	
				24－04－02	将数据录入专业软件		L2	

续上表

工作项目/职业素养		工作任务/职业素养分类		职业能力（知识、技能、方法、工具、要求）		学习水平		
						中职 Li	高职 Lj	本科 Lk
25	设计成果编制	25－01	系统选型	25－01－01	比较系统制式			L5
				25－01－02	确定列车定员标准			L5
				25－01－03	比较列车最高运行速度			L5
				25－01－04	比较列车编组			L5
				25－01－05	评估不同系统的优缺点			L5
				25－01－06	进行经济型分析			L5
				25－01－07	环境影响分析			L5
		25－02	行车组织设计	25－02－01	比较运营模式			L5
				25－02－02	理解列车长交路			L5
				25－02－03	理解列车短交路			L4
				25－02－04	理解列车长短交路的使用条件			L4
				25－02－05	根据客流数据计算列车开行对数			L4
				25－02－06	计算行车间隔			L5
				25－02－07	确定停站方式			L4
				25－02－08	计算停站时间			L5
				25－02－09	计算运营评价指标			L5
				25－02－10	模拟列车牵引计算			L5
				25－02－11	理解车站配线的意义			L4
				25－02－12	比较车站配线方案			L4
				25－02－13	理解站前折返的优缺点			L4
				25－02－14	理解站后折返的优缺点			L4
				25－02－15	计算列车折返时间			L5
		25－03	运营管理方案制定	25－03－01	设计列车运行进路			L5
				25－03－02	设计运营组织架构			L5
				25－03－03	设计行车组织架构			L5
				25－03－04	设计车站岗位架构			L5

续上表

工作项目/职业素养		工作任务/职业素养分类		职业能力（知识、技能、方法、工具、要求）		学习水平		
						中职 Li	高职 Lj	本科 Lk
25	设计成果编制	25－03	运营管理方案制定	25－03－05	确定折返站位置			L5
				25－03－06	确定车站类型			L5
				25－03－07	确定车站规模			L5
				25－03－08	确定中心站布置			L5
				25－03－09	计算运营机构定员			L5
				25－03－10	归纳运营管理需求			L5
26	职业素养	26－01	沟通交流	26－01－01	简单、准确表达现场情况	L1		
				26－01－02	对乘客使用“文明十字用语”		L3	
				26－01－03	使用普通话、粤语、客家话等流利表达		L4	
				26－01－04	与乘客、上下级、同事沟通		L4	
				26－01－05	微笑服务，真诚服务		L3	
				26－01－06	配合身体语言、手势	L1		
				26－01－07	使用对讲机、邮件、飞信、微信、微博、传真、电话		L2	
				26－01－08	“易人、易地、易性”服务原则		L3	
				26－01－09	“打不还手、骂不还口”处理原则	L1		
		26－02	数字应用	26－02－01	票务收益核算			L4
				26－02－02	行车时刻表，使用行车数字术语		L3	
				26－02－03	会看、会用客流量、行车数据		L3	
				26－02－04	输入票务数据、施工数据进入系统		L2	
				26－02－05	会使用计算器、Excel 等基本办公软件	L1		
				26－02－06	准确、规范书写数据，包括大小写	L1		
		26－03	革新创新	26－03－01	运输能力提升			L5
				26－03－02	车站客流组织能力改造			L4
				26－03－03	导向引导标识等乘客服务水平的提高			L4

续上表

工作项目/职业素养		工作任务/职业素养分类		职业能力（知识、技能、方法、工具、要求）		学习水平 中职 Li	高职 Lj	本科 Lk
26	职业素养	26－03	革新创新	26－03－04	节能环保			L4
				26－03－05	鼓励员工进行技改、QC 创新			L4
				26－03－06	车站管理创新			L5
				26－03－07	车站服务特色、便民服务、服务延伸、节假日服务			L4
		26－04	自主学习	26－04－01	岗位资格晋级考试		L3	
				26－04－02	利用学习平台学习	L2		
				26－04－03	继续教育，鼓励学历提升、职称晋升		L3	
				26－04－04	参与培训、交流			L4
				26－04－05	考取相关资质证书，如广东省建造师、广东省安全主任			L4
				26－04－06	参与各种“技术比武”、劳动竞赛		L3	
		26－05	团队合作	26－05－01	执行力要强，服从统一指挥			L4
				26－05－02	班组长管理能力，善于协调管理，逐级负责		L3	
				26－05－03	班组团结互助、关爱气氛浓厚		L3	
				26－05－04	组织班组活动（文体、旅游）			L4
				26－05－05	评选先进班组、标杆班组，树立集体荣誉感			L4
				26－05－06	党团活动			L5
				26－05－07	日常应急演练的配合		L3	
				26－05－08	团队竞赛（文体活动）		L3	
		26－06	解决问题	26－06－01	主动积极解决问题，不能解决的主动上报	L2		
				26－06－02	跟踪问题解决结果，反馈解决情况，激励解决效果		L3	
				26－06－03	坚持原则，灵活处理乘客问题	L2		

续上表

工作项目/职业素养		工作任务/职业素养分类		职业能力（知识、技能、方法、工具、要求）		学习水平 中职 Li	高职 Lj	本科 Lk
26	职业素养	26-06	解决问题	26-06-04	换位思考	L2		
				26-06-05	注意协商解决问题		L3	
				26-06-06	及时上报领导		L3	
				26-06-07	回访乘客			L4
		26-07	信息处理	26-07-01	办公系统的使用，如Word、Excel、PPT		L4	
				26-07-02	使用绘图Visio软件、截图软件		L3	
				26-07-03	准确、及时汇报信息，上传下达，及时处理信息		L2	
				26-07-04	使用OA办公系统、内部网		L2	
				26-07-05	初级计算机水平	L1		
				26-07-06	会视频制作			L4
				26-07-07	会使用信息发布系统（企信通）	L1		
		26-08	责任（安全）意识	26-08-01	安全第一的意识			
				26-08-02	坚持大安全的安全理念，员工下站坚持三级安全教育制度（三不伤害原则）		L2	
				26-08-03	签订安全责任状			L4
				26-08-04	注重自身安全	L1		
				26-08-05	入职前接受安全培训	L1		
				26-08-06	安全案例学习			L4
				26-08-07	防消结合		L3	
				26-08-08	安全例会			L4
				26-08-09	安全视频教育			L4
				26-08-10	安全事件、事故分析			L5
				26-08-11	安全知识竞赛		L3	
				26-08-12	安全月活动（每年6月）		L3	
				26-08-13	安全板报宣传	L2		

续上表

工作项目/职业素养		工作任务/职业素养分类		职业能力（知识、技能、方法、工具、要求）		学习水平		
						中职 L*i*	高职 L*j*	本科 L*k*
26	职业素养	26－08	责任（安全）意识	26－08－14	穿戴安全防护用品	L2		
				26－08－15	安全演练（火灾、台风、恐怖袭击等）		L3	
		26－09	外语应用	26－09－01	掌握日常英语口语对话		L3	
				26－09－02	审核外语标识			L5
				26－09－03	双语广播			L4
				26－09－04	小语种的日常乘客服务（广交会等）			L4
				26－09－05	信息调度需要英语专业八级			L5
		26－10	其他	26－10－01	心理健康、心理承受力		L2	
				26－10－02	性格开朗，无怪癖		L2	
				26－10－03	有自己的价值观和判断力		L2	
				26－10－04	服务意识要强，服务态度要好		L2	
				26－10－05	团队精神，要有积极向上的氛围		L2	
				26－10－06	诚信、责任心、廉洁，尊师重教		L2	
				26－10－07	倡导正确舆论导向		L2	
				26－10－08	信息发布及时、真实		L2	
				26－10－09	品德端正，思想健康，热爱企业，热爱国家		L2	
				26－10－10	拾金不昧		L2	
				26－10－11	热心、爱心服务		L2	
				26－10－12	具有吃苦耐劳的品质，有奉献精神		L2	
				26－10－13	不计较、尊重他人		L2	
				26－10－14	协调沟通交流，不拉帮结派		L2	

2. 广东省教育厅公示文件

广 东 省 教 育 厅

粤教高函〔2017〕35 号

广东省教育厅关于公布 2016 年专业教学标准和课程标准研制项目结题验收结果的通知

各高职院校，有关本科高校，有关本科高校及高职教育专业教学指导委员会：

根据《广东省教育厅办公室关于开展 2016 年专业教学标准和课程标准研制项目结题验收工作的通知》（粤教高办函〔2016〕57 号）要求，省教育厅组织对《建筑工程技术专业中职、高职、本科一体化专业教学标准研究与实践》等 17 个项目开展结题验收。经资料评审、会议评审、公示等环节，确定上述 17 个项目通过结题验收（详见附件）。现予公布。

请有关高校和教学指导委员会认真做好专业教学标准和课程标准的宣传、推广和使用工作，切实提高人才培养质量。

附件：2016 年专业教学标准和课程标准研制项目结题验收结果

广东省教育厅

2017 年 2 月 14 日

（联系人：高万里，联系电话：020-37627703）

附件

2016年专业教学标准和课程标准研制项目结题验收结果

序号	立项编号	项目名称	项目牵头单位	项目负责人	评定等级
1	201401077	建筑工程技术专业中职、高职、本科一体化专业教学标准研究与实践	广东建设职业技术学院	赵琼梅	优秀
2	201401006	机械设计制造及其自动化专业高职与本科协同育人一体化教学标准研制	广东技术师范学院	周莉	良好
3	201401008	学前教育专业高职和本科一体化专业教学标准研究与实践	广东技术师范学院	陶红	良好
4	201401025	电子商务专业中高职一体化专业教学标准研究与实践	广东轻工职业技术学院	李先	良好
5	201401028	软件技术中高职一体化专业教学标准研制	广东轻工职业技术学院	古凌岚	良好
6	201401046	商务英语专业教学标准研制项目	广东省外语艺术职业学院	袁洪	良好
7	201401103	轨道交通运营管理专业教学标准研制	广东交通职业技术学院	黎新华	良好
8	201401105	汽车运用技术专业高职与应用本科衔接专业教学标准和课程标准研制	广东交通职业技术学院	李军	良好
9	201401142	中高职衔接电子商务专业教学标准研究与实践	广东女子职业技术学院	杨军	良好

序号	立项编号	项目名称	项目牵头单位	项目负责人	评定等级
10	201401208	中职-高职-本科衔接物流管理专业教学标准研制	深圳职业技术学院	姜洪	良好
11	201401240	服装与服饰设计专业中高职 3+2 衔接教育一体化教学标准	中山职业技术学院	刘周海	良好
12	201401257	高职本科衔接计算机科学与技术专业教学标准研究	佛山职业技术学院	黄雄波	良好
13	201401275	高职-本科一体化护理专业教学标准研究与实践	肇庆医学高等专科学校	陈晓霞	良好
14	201401290	艺术设计（家具）专业中职、高职和本科衔接专业教学标准研制	顺德职业技术学院	王明刚	良好
15	201401007	电子信息工程专业高职与本科协同育人一体化教学标准研制与实践	广东技术师范学院	钟旭	合格
16	201401027	食品加工技术高本一体化专业教学标准研究与实践	广东轻工职业技术学院	顾宗珠	合格
17	201401054	高职（模具设计与制造专业）-本科（机械设计制造及其自动化专业）衔接专业教学标准研制	广东机电职业技术学院	戴护民	合格

公开方式：主动公开

3. 项目结题证书

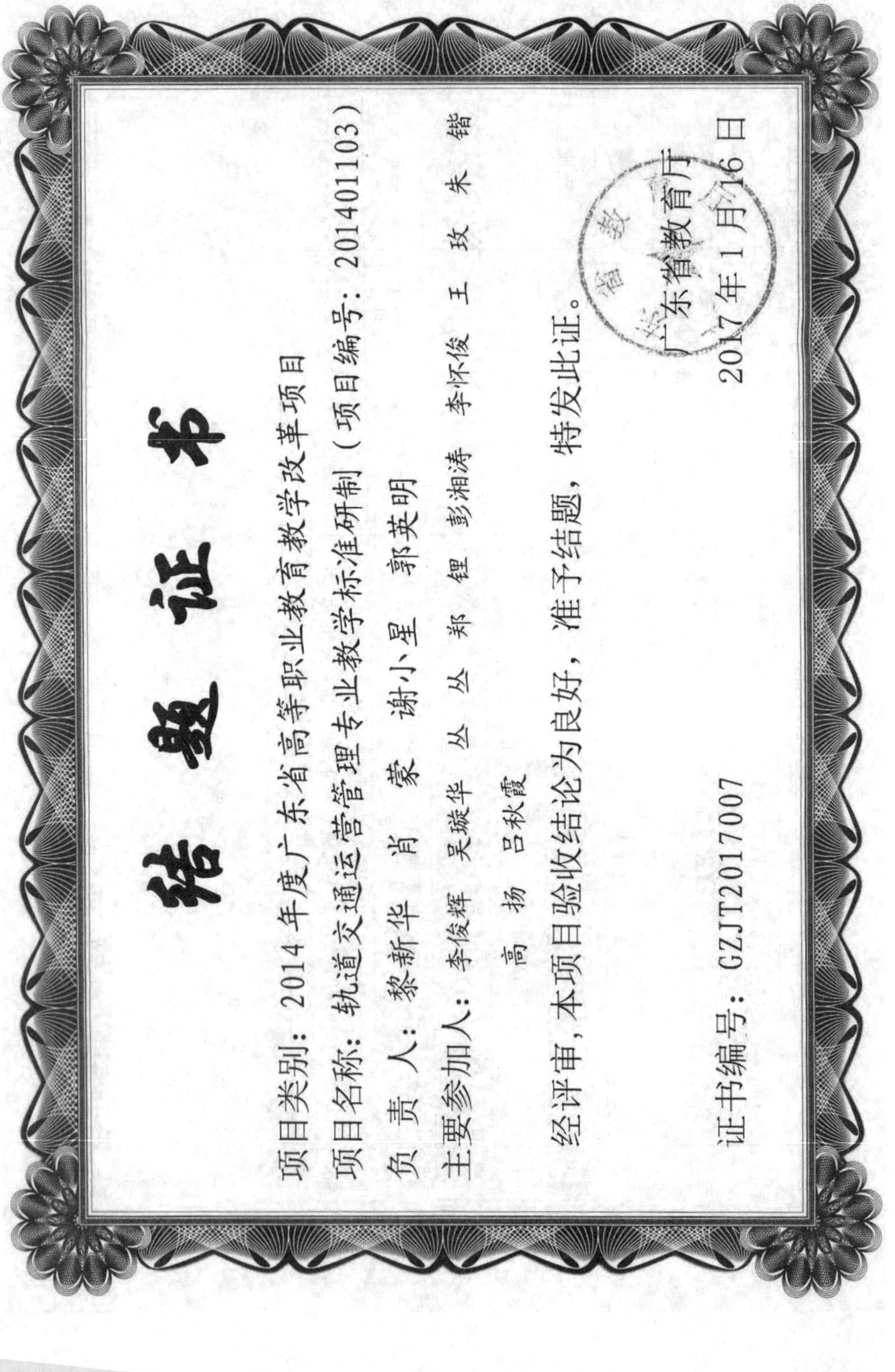

结题证书

项目类别：2014年度广东省高等职业教育教学改革项目

项目名称：轨道交通运营管理专业教学标准研制（项目编号：2014011103）

负 责 人：黎新华 肖 蒙 谢小星 郭英明

主要参加人：李俊辉 吴璇华 丛 丛 郑 锂 彭湘涛 李怀俊 王 玫 朱 锴 高 扬 吕秋霞

经评审，本项目验收结论为良好，准予结题，特发此证。

广东省教育厅

2017年1月16日

证书编号：GZJT2017007